Szólalj meg az eredeti hangon

*"Száguld az egeken át,
az ősi egeken át. Halld,
hogyan mennydörög
hatalmas hangja!"*
(Zsoltárok 68:33)

Szólalj meg az eredeti hangon

Dr. Jaerock Lee

Szólalj meg az eredeti hangon Dr. Jaerock Lee
Kiadta az Urim Books (Képviselő: Johnny. H. Kim)
73, Yeouidaebang-ro 22-gil, Dongjak-gu, Szöul, Korea
www.urimbooks.com

Minden jog fenntartva. Ez a könyv vagy annak egy része nem reprodukálható semmilyen formában, nem tárolható előhívható rendszerben, nem sokszorosítható semmilyen formában vagy eszköz által, elektronikus, mechanikai vagy fénymásolt, rögzített vagy más formában, a kiadó előzőleges írásos beleegyezése nélkül.

Hacsak másként nem jelöltük, az összes bibliai idézet a Károli Szent Bibliából származik. Engedéllyel felhasználva.
Copyright © 2015 Dr. Jaerock Lee
ISBN: 979-11-263-1222-1 03230
Fordítói Copyright © 2013 by Dr. Esther K. Chung. Engedéllyel felhasználva.

Első kiadás 2023. szeptember

Korábban koreai nyelven kiadva 2011-ben Szöulban, Koreában

Szerkesztő: Dr. Geumsun Vin
Tervező: Urim Books tervező csoport
Nyomtatta a Prione Printing
További információért lépjen kapcsolatba velünk: urimbook@hotmail.com

Jegyzet a kiadáshoz

Abban reménykedem, hogy az olvasók válaszokat és áldásokat kapnak az eredeti hang által, mely tele van a teremtés eredményeivel...

Sokféle hang van ezen a világon. Létezik a madarak gyönyörű csiripelése, a csecsemők ártatlan kacaja, egy tömeg nevetése, a benzinmotorok hangja, vagy a zene hangja. Ezek a hangok a hallható frekvenciákon belül vannak, de vannak olyanok is, mint az ultrahang, amelyet az emberek nem hallhatnak. Hogyha a hang frekvenciája túl magas vagy túl alacsony, nem hallhatjuk, annak ellenére, hogy létezik. Sőt, olyan hangok is vannak, amelyeket csak a szívünkkel hallhatunk, például ilyen a lelkiismeretünk hangja. Mi lenne a legszebb és leghatalmasabb hang? Ez az eredeti hang, melyet Isten, a Teremtő hallat, aki mindennek az eredete.

"Száguld az egeken át, az ősi egeken át. Halld, hogyan mennydörög hatalmas hangja!" (Zsoltárok 68:33).

"...És íme, Izráel Istenének a dicsősége közeledett kelet felől; zúgása olyan volt, mint nagy vizek zúgása, a föld pedig ragyogott dicsőségétől." (Ezékiel 43:2).

A teremtés elején Isten bevonta az univerzumot fénnyel, melyben jelen volt a nagy hang (1 János 1:5), aztán megtervezte "az emberiség művelését," hogy igaz gyermekeket nyerjen, akikkel megoszthatja az igaz szeretetét. A Szentháromság Isteneként létezett, mint az Atya, a Fiú és a Szentlélek. Az eredeti hang a Fiúban és a Szentlélekben, valamint az Atyában is megjelent.

Amikor elérkezett az idő, a Szentháromság Istene az eredeti hangján megszólalt, és megteremtette a mennyet és a földet, valamint mindent dolgot bennük. Ezt mondta: "Legyen világosság," "Legyen boltozat a vizek között, hogy elválassza egymástól a vizeket," "Növesszen a föld növényeket: füvet, amely magvakat hoz, gyümölcsfát, amely fajtájának megfelelő gyümölcsöt terem, amelyben magva lesz a földön," "Legyenek világító testek az égbolton, hogy elválasszák a nappalt az éjszakától," "Pezsdüljenek a vizek élőlények nyüzsgésétől, és repdessenek madarak a föld felett, az égbolt alatt." (Genézis 1:3; 1:9; 1:11; 1:14; 1:20).

Ezért az összes teremtett lélek hallhatja a Szentháromság Istenének a hangját, és engedelmeskedik neki, aki túl van az idő és a tér keretein. A négy evangéliumban még az élettelen dolgok is, mint a szél és a hullámok, lenyugodtak, amikor Jézus az eredeti hangon megszólalt (Lukács 8:24-25). Amikor egy bénának azt mondta: "Kelj fel, vedd az ágyadat, és menj haza!" (Máté 9:6), akkor az felállt, és hazasétált. Akik ezt a jelenetet látták, csodálkoztak, és Istent dicsőítették, aki az embernek ilyen hatalmat adott.

A János 14:12 ezt tartalmazza: "Bizony, bizony, mondom néktek: aki hisz énbennem, azokat a cselekedeteket, amelyeket én teszek, szintén megteszi, sőt ezeknél nagyobbakat is tesz. Mert én az Atyához megyek." Megtapasztalható az eredeti hang manapság? A Cselekedetek könyvében azt olvassuk, hogy Isten az embereket eszközként használta arra, hogy a saját hatalmát kinyilvánítsa, olyan mértékben, amennyire a gonoszságtól megszabadultak a szívükben, és szentséget műveltek benne.

Péter azt mondta egy embernek, aki a születése óta nem tudott járni, hogy álljon föl, és járjon a názáreti Jézus Krisztus nevében, és megfogta a kezét. Az ember felállt, járt, és ugrált. Amikor Tabitának, aki halott volt, azt mondta: "Kelj fel," az feléledt. Pál apostol felélesztett egy fiatalembert, akit Eutikusnak hívtak, és amikor a teste mellől kötényeket vagy zsebkendőket vittek a betegekhez, azok meggyógyultak, és a gonosz szellemek elhagyták őket.

A jelen munkám, "Szólalj meg az eredeti hangon," a "Szentség és hatalom" sorozat utolsó része. Megmutatja a módját, hogyan tapasztaljuk meg Isten hatalmát az eredeti hangon keresztül. Bevezetés Isten hatalmába ez a könyv, melyet az olvasók alkalmazhatnak a mindennapi életükben. Bibliai példákat találunk benne, melyek segtségével az olvasók megérthetik a spirituális birodalmat, és megérthetik az elveket, miközben válaszokat kapnak.

Hálával tartozom Gemsun Vinnek, a szerkesztői iroda igazgatójának és a személyzetnek, és az Úr nevében imádkozom, hogy minél több ember ember kapjon válaszokat, és részesüljön áldásokban az eredeti hang megtapasztalása által, mely a teremtést bizonyítja.

Jaerock Lee

Előszó

A gyülekezetünk növekedésével Isten lehetővé tette, hogy "kéthetes, folyamatos újjáéledési összejöveteleket" tartsunk 1993 és 2004 között. Isten segítségével a felekezet tagjai lelki hitet nyertek, és bepillantást nyertek a jóság, fény, szeretet dimenziójába, és Isten hatalmába. Amint teltek az évek, Isten megengedte nekik, hogy megtapasztalják az életükben a teremtés hatalmát, mely túl van időn és teren.

Az újjáéledési összejövetelek beszédeit a Szentség és hatalom sorozatba gyűjtöttük össze. A Szólalj meg az eredeti hangon néhány mély spirituális dolgot tár fel, olyanokat, amelyek nem ismertek széles körben még, mint: Isten eredete, az eredeti mennyország, az eredeti hang által megmutatott hatalom, és azt: hogyan tapasztaljuk meg ezeket a mindennapi életünkben.

Az első fejezet, az "Eredet," megmagyarázza, ki Isten, hogyan létezett Ő, és hogyan, miért alkotta meg az embert. A második fejezet, a "Mennyország" elmagyarázza, hogy különböző féle mennyországok léteznek, és Isten az összeset irányítja. Azt is olvashatjuk, hogy bármilyen gondra választ kaphatunk, ha hiszünk ebben az Istenben. Naámán példáját olvashatjuk, aki Arám vezére volt. A harmadik fejezetben a Szentháromság Istenéről olvashatunk. Miért választotta szét az eredeti Isten a teret, és miért vált a Szentháromság Istenévé? A Szentháromság szerepéről külön-külön olvashatunk.

A negyedik fejezet, az "Igazság" Isten igazságáról beszél, és arról, hogyan kaphatjuk meg a válaszokat ennek az igazságnak megfelelően. Az ötödik fejezet, az "Engedelmesség" Jézusról beszél, aki teljesen engedelmeskedett Isten Igéjének, és arra buzdít, hogy mi is engedelmeskedjünk Isten szavainak, hogy megtapasztalhassuk a munkáit. A hatodik fejezet, a "Hit" feltárja, hogy bár minden hívő azt mondja, hogy hisz, mégis különbözik az általuk kapott válaszok mértéke, és azt tanítja meg, hogy mit kell tennünk, hogy olyan hitünk legyen, amellyel teljes mértékben elnyerjük Isten bizalmát.

A hetedik fejezet, "Mit mondasz, ki vagyok én?" megmutatja a módját, hogyan kaphatunk válaszokat Péter példája révén, aki áldásokat kapott, amikor teljes szívéből megvallotta, hogy Jézus az úr. A nyolcadik fejezet, "Mit szeretnél, mit tegyek érted?" lépésről lépésre elmagyarázza a folyamatot, amelyben egy vak ember válaszokat kapott Istentől. A kilencedik fejezet, "Megadatik neked, mivel hittél" feltárja a centúrió titkát, aki válaszokat kapott, és a gyülekezetünk példáit is itt mutatjuk be.

A könyv megírásával az a célom, és azért imádkozom, hogy minden olvasó megértse Isten eredetét, és a Szentháromság Istenének munkáját, és mindent megkapjon, amit kér az engedelmessége és hite által, ami megfelel az igazságnak, ezért Istent tudja dicsőteni vele.

2009. április
Geumsun Vin,
A szerkesztői iroda igazgatója

Tartalomjegyzék

Megjegyzés a kiadáshoz

Előszó

Első fejezet   Eredet   · 1

Második fejezet   Mennyország   · 17

Harmadik fejezet   A Szentháromság Istene   · 35

Bibliai példák I
Az első mennyországban lévő második mennyország kapuinak kinyitásakor bekövetkezett események

Negyedik fejezet	Igazság	· 55
Ötödik fejezet	Engedelmesség	· 73
Hatodik fejezet	Hit	· 91

Bibliai példák II
A harmadik mennyország, és a harmadik dimenzió tere

Hetedik fejezet	Mit mondasz: ki vagyok én?	· 109
Nyolcadik fejezet	Mit tegyek érted?	· 125
Kilencedik fejezet	A hited szerint történik minden	· 141

Bibliai példák III
Isten hatalma, aki birtokolja a negyedik mennyországot

Első fejezet: Eredet

> Ha megértjük Isten eredetét,
> és hogyan keletkezett az emberi faj,
> az emberiség feladatát teljesíthetjük.

Isten eredete

Az eredeti Isten megtervezte az emberiség művelését

A Szentháromság Istenének képe

Isten azért teremtette az embereket, hogy igaz gyermekeket nyerjen

Az emberek eredete

Az élet és a fogantatás magjai

A mindenható Isten, a Teremtő

*"Kezdetben vala az Íge, és az Íge vala az Istennél,
és Isten vala az Íge."*

(János 1:1)

Manapság sok ember értelmetlen dolgokat keres, mert nem ismeri az univerzum eredetét, vagy az igaz Istent, amely uralkodik fölötte. Bármit megtesznek, amihez csak kedvük van, mert nem értik, hogy miért élnek ezen a földön, és nem értik az élet igazi értelmét és értékét. Végül olyan életet élnek, mely hajladozik, lengedezik, mint a fű, mert nem ismerik a saját eredetüket.

Azonban, hihetünk Istenben, és olyan életet élhetünk, amelyben az ember feladatát végrehajtjuk, ha megértjük a Szentháromság Istenének eredetét, és azt: hogyan jött létre az ember, mi a Szentháromság Istenének, az Atyának, a Fiúnak és a Szentléleknek az eredete.

Isten eredete

A János 1:1 bemutatja Istent az idő elején, azaz Isten eredetét. Mit jelent a "kezdet" itt? Ez az örökkévalóság előtt volt, amikor nem létezett más, csak Isten, a Teremtő az univerzumban és a terekben. A világmindenség terei nem csak a látható univerzumra vonatkoznak. Azokon a tereken kívül, amelyek az univerzumban vannak, és amelyekben mi élünk, elképzelhetetlenül nagy és kiterjedt terek is léteznek. A teljes univerzumban, beleértve ezeket a tereket is, Isten, a Teremtő egyedül létezett az örökkévalóság előtt

Mivel ezen a földön minden korlátolt, van vége és kezdete, a legtöbb ember nem érti meg könnyen azt a fogalmat, hogy "a világmindenség előtt." Lehet, hogy Isten azt mondta: "Kezdetben vala az Isten," de miért mondta ezt: "Kezdetben vala az Ige?" Azért, mert Isten akkor nem azt az alakot vagy megjelenést öltötte magára, mint most.

A világi emberek korlátozottak, ezért mindig elvárják, hogy valamilyen megfogható formája vagy alakja legyen mindennek, hogy láthassák és megérinthessék azt. Ezért különböző bálványokat készítenek, amelyeket imádnak. Hogyan válhatnak az ember által készített bálványok istenné, aki megalkotta a mennyet és a földet, és mindent, ami bennük van? Hogyan válhatnak azzá az Istenné, aki kontrollálja az életet, halált, szerencsét, szerencsétlenséget, és még az emberi történelmet is?

Isten kezdetben Igeként létezett, azonban - mivel az ember képes kellett legyen, hogy felismerje Őt - alakot öltött. Hogyan létezett Isten, aki az Ige volt, az idő elején? Úgy létezett, mint a gyönyörű Fény és a gyönyörű, nagyszerű Hang. Nem volt szüksége névre vagy alakra. Úgy létezett, mint a fény, mely tartalmazza a hangot, és irányítja a tereket az univerzumban. Amint a János 1:5 mondja: Isten a Fény, aki beborította az univerzum tereit fénnyel, és hangot rakott beléjük, és ez a hang az "Ige," amelyet a János 1:1 megemlít.

Az eredeti Isten megtervezte az emberiség művelését

Amikor az idő eljött, Isten, aki Igeként létezett a kezdetekkor, tervet készített. Ez volt az emberiség művelésének a terve. Egyszerűen szólva, ez a terv az ember megalkotásáról szól, a gyarapításáról, hogy közülük néhányan Isten igaz gyermekeivé váljanak, akik hasonlítanak Rá. Isten magukkal viszi majd őket a mennyei királyságba, ahol örökre boldogan élnek majd, megosztva a Szeretetét velük.

Miután a tervet kitalálta, lépésről lépésre cselekedett. Először felosztotta a teljes univerzumot. Részletesen elmagyarázom ezt a teret a második fejezetben. Valójában az összes tér egyetlen térként létezett, és Isten ezt az egyetlen teret számos térré alakította, az emberiség művelésének szükségletei szerint. A terek felosztása után egy nagyon jelentős esemény következett be.

A kezdetek előtt egy Isten létezett, de Isten a Szentháromság Istenévé vált, azaz, az Atya, a Fiú és a Szentlélek Istenévé. Isten, az Atya életet adott Istennek, a Fiúnak, és Istennek a Szentléleknek, ezért a Biblia úgy utal Jézusra, mint Isten egyszülött Fiára. A Zsidók 5:5 ezt mondja: "Én Fiam vagy te, ma szűltelek téged."

Isten, a Fiú, és Isten a Szentlélek ugyanazzal a szívvel és hatalommal rendelkezik, mivel az egy Istentől származnak. A Szentháromság mindenben ugyanaz. Ezért a Filippi 2:6-7 ezt mondja Jézusról: "A ki, mikor Istennek formájában vala, nem tekintette zsákmánynak azt, hogy ő az Istennel egyenlő. Hanem önmagát megüresíté, szolgai formát vévén föl, emberekhez hasonlóvá lévén."

A szentháromság Istenének képe

A kezdetekkor Isten Igeként létezett, amely a Fényben lakott, azonban formát öltött, mint a Szentháromság Istene, az emberiség művelésének céljából. Elképzelhetjük Isten képét, amikor arra a jelenetre gondolunk, amelyben Isten megteremtette az embert. A Genezis 1:26 ezt tartalmazza: "Teremtsünk embert a mi képünkre és hasonlatosságunkra; és uralkodjék a tenger halain, az ég madarain, a barmokon, mind az egész földön, és a földön csúszó-mászó mindenféle állatokon." Itt, a "mi" az Atya, a Fiú és a Szentlélek Szentháromságára vonatkozik, és érthetjük ebből, hogy a Szentháromság Istenének képére teremtett bennünket.

Ezt mondja: "Teremtsünk embert a mi képünkre és hasonlatosságunkra," és ebből láthatjuk: milyen képe van a Szentháromság Istenének. Természetesen az, hogy Isten a Saját képére teremtette az embert, nem csak a külső megjelenésére vonatkozik az embernek. Az ember belülről is Isten képét követi, mivel jóság és igazságosság lakozik benne.

Az első ember, Ádám bűnözött az engedetlensége miatt, és elveszítette az eredeti képet, amellyel alkották. Korrupttá vált, és a bűnök befoltozták, valamint gonosz lett. Ha valóban megértjük, hogy a testünk és a szívünk Isten képére teremtetett, vissza tudjuk szerezni Isten elvesztett képét.

Isten azért teremtette az embert hogy igaz gyerekeket nyerjen

Miután a tereket szétválasztotta, a Szentháromság Istene egyenként elkezdte megteremteni a szükséges dolgokat. Például, amikor fényként és hangként létezett, nem volt szüksége lakóhelyre. Azonban, amikor alakot öltött, szüksége volt egy lakóhelyre és angyalokra, valamint mennyei házigazdákra, akik őt szolgálták. Ezért először szellemi lényeket teremtett a szellemi birodalomba, aztán megteremtette az összes dolgot az univerzumban, amelyben élünk.

Természetesen a mennyet és a földet a mi terünkben nem közvetlenül az után teremtette meg, miután a szellemi birodalomban megtette ezt. Miután a Szentháromság Istene megteremtette a spirituális birodalmat, a mennyei házigazdákkal és angyalokkal lakott itt, hosszú ideig. Ilyen hosszú időszak után teremtette meg a dolgokat a fizikai térben. Csak miután megteremtette a környezetet, amelyben az ember élni tudott, teremtette meg az embert az Ő saját képére

Mi az oka annak, hogy Isten megteremtette az embert, annak ellenére, hogy számtalan angyal és mennyei házigazda szolgálta? Azért tette, mert igaz gyerekeket akart nyerni. Az igaz gyerekek Istenre hasonlítanak, és igaz szeretetben osztoznak Istennel. Eltekintve néhány különleges mennyei házigazdától és angyaltól, ezek feltétel nélkül engedelmeskednek és szolgálnak, és bizonyos értelemben olyanok, mint a robotok. Ha a szülőkre és gyerekekre gondolunk, a szülők nem szeretnének holmi engedelmes robotokat úgy, mint a saját gyerekeiket. Azért szeretik a saját gyerekeiket, mert meg tudják osztani velük a szeretetüket. Az emberi lények ezzel ellentétben képesek az engedelmességre és Isten szeretetére a saját szabad akaratuknak megfelelően. Természetesen az emberek nem érthetik meg Isten szívét, és nem oszthatják meg vele a szeretetüket rögtön, miután megszülettek. Számos dolgot meg kell hogy tapasztaljanak, amikor felnőnek, hogy érezhessék Isten szeretetét, és rájöjjenek arra, hogy mi az ember feladata. Csak ezek az emberek szeretik Istent szívből, és ők engedelmeskednek az Ő akaratának.

Az ilyen emberek nem azért szeretik Istent, mert valaki erre kényszeríti őket. Nem félelemből engedelmeskednek Isten Igéjének, vagy mert félnek a megtorlástól. Csak szeretik Istent, és hálát adnak Neki, a saját akaratukból. Egy ilyen hozzáállás nem változik meg. Isten eltervezte az emberek művelését, hogy igaz gyerekeket nyerjen, akikkel megoszthatta a Szeretetét, adhatok nekik szeretetet, és szívből jövő szeretet kaphatott tőlük. Ahhoz, hogy ez megtörténjen, megalkotta az első embert, Ádámot.

Az ember eredete

Mi az ember eredete? A Genezis 2:7 ezt tartlmazza: "És formálta vala az Úr Isten az embert a földnek porából, és lehellett vala az ő orrába életnek lehelletét. Így lőn az ember élő lélekké." Tehát az emberek különleges lények, akik túlszárnyalnak minden dolgon, amelyet a darwinista evolúcióelmélet vall. Az emberi lények nem az alacsonyrendű állatokból fejlődtek a mai szintre. Az embereket Isten képére teremtették. Isten életet lehelt beléjük, és ez azt jelenti, hogy mind a szellemük, mind a testük Istentől való.

Ezért az emberek szellemi lények, akik föntről származnak. Nem szabad hogy úgy gondoljunk magunkra, mint olyan állatokra, amelyek kissé fejlettebbek, mint a többi állat. Hogyha megnézzük a kövületeket, amelyeket az evolúció bizonyítékaiként mutatnak be, nincsenek köztes fosszíliák, amelyek összekötik a különböző fajokat. Másrészről, nagyon sok bizonyítékot találunk a teremtésre. Például minden embernek két szeme, két füle, egy orra és egy szája van. Ezek mind ugyanazon a helyen helyezkednek el, és ez nem csak az emberekre érvényes. Az összes állatnak majdnem ugyanolyan a szerkezete. Ez a bizonyíték arra, hogy az összes élőlényt egyetlen Alkotó tervezte meg. Ezenkívül az a tény, hogy a világegyetemben minden dolog tökéletes rendben működik, egyetlen hiba nélkül, Isten teremtésének a bizonyítéka.

Manapság sok ember azt gondolja, hogy az állatoktól származik, és így nem jön rá, hogy honnan jött, és miért él itt. Azonban, ha egyszer rájövünk, hogy szent lények vagyunk, akiket Isten képére teremtettek, akkor megértjük azt, hogy ki az Atyánk. Akkor természetes módon fogunk az Igének megfelelően élni, és Rá fogunk hasonlítani.

Lehet, hogy azt gondoljuk, hogy az apánk a fizikai apánk. Azonban, hogyha felfele megyünk, akkor az első fizikai apánk az első ember, Ádám. Megérthetjük, hogy az igazi atyánk Isten, aki megalkotta az emberi lényeket. Eredetileg az élet magja Istentől származott. Ilyen értelemben a szüleink kölcsönadták a testüket eszközként, hogy a magok összevegyüljenek, és mi megfoganhassunk.

Eredet • 9

Az élet és a fogantatás magja

Isten megadta az élet magját. A férfiaknak spermát, míg a nőknek petesejtet adott, hogy gyerekeket tudjanak nemzeni. Ezért az emberek nem a saját képességükből szülnek gyerekeket. Isten adta nekik az élet magját, hogy gyerekeket szülhessenek.

Az élet magja Isten hatalmát és erejét tartalmazza, amelyből az ember összes szerve keletkezik. Szabad szabad szemmel mindez nem látható, de a személyiség, külső megjelenés, szokások és az életerő mind bennük van. Tehát, amikor a gyerekek megszületnek, nem csak külsőre, belsőre is hasonlítanak a szüleikre.

Hogyha az emberek képesek gyerekeknek életet adni, miért vannak olyan párok, akik nem képesek utódokat nemzeni? A fogantatás kizárólag Istenhez tartozik. Manapság létezik a mesterséges megtermékenyítés a klinikákon, de nem képesek spermát és petesejtet teremteni. A teremtés hatalma szigorúan Istenhez tartozik.

Sok hívő, nemcsak a templomunkban, de más országokban is, megtapasztalta Isten alkotó erejét. Sok olyan pár volt, akinek nem született gyereke hosszú időn át a házasságukban, akár 20 évig sem. Minden létező módszert kipróbáltak, azonban nem voltak eredményesek. Miután imádkoztunk értük, sokan közülük egészséges gyermekeknek adtak életet.

Sok évvel ezelőtt egy japán pár jött el egy ujjászületési összejövetelre hozzánk, és meghallgatták az imámat. Nemcsak hogy meggyógyultak betegségükből, hanem meg is termékenyültek. Ez a hír elterjedt, és számos másik pár is eljött Japánból, meghallgatták az imámat ők is, és áldást kaptak, mivel megtermékenyültek, a hitüknek megfelelően. Ez végül ahhoz vezetett, hogy ebben az országban egy templomot építettünk.

A mindenható Isten, a Teremtő

Manapság megtapasztaljuk a kifinomult orvostudomány fejlődését, azonban életet teremteni csak Isten hatalmával lehet, aki minden élet irányítója. A Hatalmával azok, akik utolsót leheltek, visszatérnek az életbe, azok, akik megkapták a halálos ítéletüket a kórháztól, meggyógyulnak, és számos gyógyíthatatlan betegség, amelyet a tudomány vagy orvostudomány nem tudott meggyógyítani, meggyógyul.

Az eredeti hang, melyet Isten hallat, teremteni tud valamit a semmiből. Ki tudja nyilvánítani a hatalom munkáját, amely számára semmi sem lehetetlen. A Római 1:20 ezt tartalmazza: "Mert a mi Istenben láthatatlan, tudniilik az ő örökké való hatalma és istensége, a világ teremtésétől fogva az ő alkotásaiból megértetvén megláttatik; úgy, hogy ők menthetetlenek." Látva ezeket a dolgokat, észrevesszük Isten hatalmát, és a Teremtő isteni természetét, amely minden dolognak az eredete.

Ha az ember próbálja megérteni Istent a saját tudása alapján, akkor korlátokba ütközik. Ezért sok ember nem hiszi el azt, ami írva található a Bibliában. Vannak, akik azt mondják, hogy hisznek, de nem hiszik el a Biblia szavait teljesen. Mivel Jézus ismerte az emberek helyzetét, az általa mondott Igéket számtalan hatalmas munkával bizonyította. Ezt mondta: "Ha jeleket és csodákat nem láttok, nem hisztek." (János 4:48). Ma is ugyanez van. Isten mindenható. Ha hiszünk ebben a Mindenható Istenben, és teljesen Rá hagyatkozunk, bármelyik probléma megoldható, és bármely betegség meggyógyítható. Isten mindent a saját Szavával teremtett, ezt mondva: "Legyen világosság!" Amikor az eredeti hangja az alkotó Istennek megszólal, a vakok látnak, azok, akik tolószékben vagy mankóval járnak, járni és ugrálni fognak. Remélem, minden imádra és vágyadra választ kapsz a hited által, amikor Isten eredeti hangja megszólal.

Emmanuel Marallano Yaipen (Lima, Peru)

Megszabadul az AIDS-től való félelmétől

2001-ben orvosi vizsgálaton vettem részt azért, hogy a katonasághoz felvegyenek. Azt mondták, hogy HIV-pozitív vagyok. Teljesen váratlanul ért a dolog, és átkozottnak éreztem magam.

Az állandó hasmenésemet nem vettem túl komolyan.

Csak ültem a székben, és nagyon reménytelenül éreztem magam.

"Hogy mondom el az anyámnak?"

Fájdalmam volt, a szívem összetört, ha az anyámra gondoltam. Állandó hasmenésem volt, és a szájamban meg az ujjaim között gomba volt. A halálfélelem egyre jobban magába kerített.
Aztán hallottam, hogy egy dél-koreai lelkész érkezik Peruba 2004 decemberében. Nem hittem benne, hogy a betegségem

meggyógyulhat.
Feladtam a harcot, de a nagyanyám arra biztatott, hogy menjek el a misszióra. Végül elmentem Campo de Marteba, ahol a 2004-es perui egyesült missziót tartották dr Jaerock Leevel. Meg akartam ragadni ezt az utolsó reményt.
Amikor a prédikációt hallgattam, azt éreztem, hogy a testem megremeg a Szentlélek hatalmától. A Szentlélek munkája megnyilvánult egy csodasorozat által.

Dr. Jaerock Lee nem mindenkiért egyénileg, hanem a teljes tömegért imádkozott, és mégis nagyon sokan azt vallották, hogy meggyógyultak. Sokan felálltak a kerekesszékükből, és eldobták a botjaikat. Nagyon sokan örültek, mert a gyógyíthatatlan betegségük meggyógyult.
Velem is csoda történt. Miután a missziónak vége volt, a mellékhelyiségbe mentem, és hosszú idő óta először volt normális vizeletem. A hasmenésem megszűnt két és fél hónap alatt. A

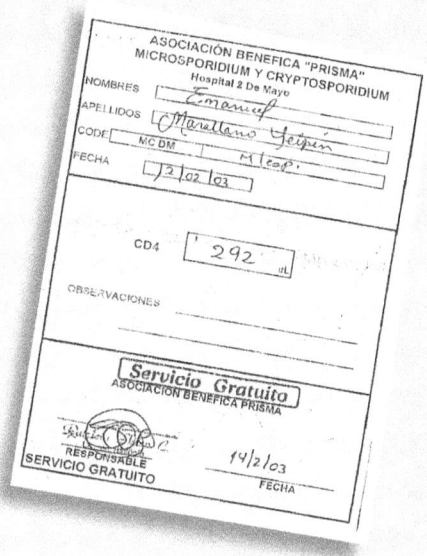

testemet nagyon könnyűnek éreztem. Biztos voltam benne, hogy meggyógyultam, ezért elmentem a kórházba, ahol a diagnózis azt tartalmazta, hogy a CD4-es immunsejtjeim száma drámaian megnövekedett, és újra a normális értéket mutatott.

Az AIDS egy gyógyíthatatlan betegség, amelyet a modern pestisnek hívnak. A HIV-vírus tönkreteszi a CD4-es immunsejteket, és ennek eredményeként nagyon legyengült immunitása lesz a betegnek. Ezért számos komplikáció, végül halál következik be.
A CD4-es sejtjeim elpusztultak, és igazi csoda, hogy dr. Jaerock Lee imája által ismét növekedni kezdett a számuk.

Kivonat a Rendkívüli dolgokból

Második fejezet: Mennyország

> Az eredeti Isten a negyedik Mennyországban lakik, és a mennyeket irányítja: az első, a második, és a harmadik mennyországot.

A többféle mennyország

Az első és a második mennyország

Az Éden kertje

A harmadik mennyország

A negyedik mennyország, Isten lakóhelye

Isten a Teremtő, a Mindenható

Isten, a Mindenható túlszárnyalja az emberi korlátokat

Istennel, a mindenható Teremtővel való találkozás

"Te vagy egyedül az Úr! Te teremtetted az eget, az egeknek egeit és minden seregöket, a földet és mindent, ami rajta van, a tengereket minden bennök valókkal együtt; és te adsz életet mindnyájoknak, és az égnek serege előtted borul le."

(Nehemiás 9:6)

Isten az emberi korlátokon túl létezik. A világmindenség előttről, és a világmindenségen keresztül létezik. A világ, amelyben él, egy olyan tér, amelynek a dimenziója teljesen más, mint a mi világunké. A látható világ, amelyben az emberek élnek, a fizikai birodalom, de a tér, ahol Isten lakik, a spirituális birodalom. A spirituális birodalom biztosan létezik, de -mivel szemmel nem látható- az emberek hajlamosak tagadni a létezését.

Egy bizonyos űrhajós a múltban ezt mondta: "Utaztam az univerzumban, de Isten nem volt ott." Mennyire buta megjegyzés ez! Azt gondolja, hogy a látható univerzum létezik csupán! Még a csillagászok is azt mondják, hogy a látható univerzum végtelen. Mennyit láthatott ebből az univerzumból ez az űrhajós, hogy tagadni mert Isten létezését? Mivel emberként korlátoltak vagyunk, nem tudjuk megmagyarázni a dolgokat még ebben az univerzumban sem, amelyben élünk.

A többféle mennyország

A Nehemiás 9:6 ezt tartalmazza: "Te vagy egyedül az Úr! Te teremtetted az eget, az egeknek egeit és minden seregöket, a földet és mindent, ami rajta van, a tengereket minden bennök valókkal együtt; és te adsz életet mindnyájoknak, és az égnek serege előtted borul le." Láthatjuk, hogy nem csak egy ég vagy mennyország, hanem számos mennyország létezik.

Valójában hány mennyország van? Ha hiszel a mennyország királyságában, akkor valószínű kettőre gondolsz. Az egyik az égen van, a fizikai birodalomban, és a másik a mennyország királyságában, amely a spirituális birodalom mennyországa. Azonban a Biblia számtalan mennyországról beszél, különböző helyeken.

"Aki kezdettől fogva az egek egein ül; ímé, onnét szól nagy kemény szóval." (Zsoltárok 68:33).

"Vajjon gondolható-é, hogy lakozhatnék az Isten a földön? Ímé az ég, és az egeknek egei be nem foghatnak téged; mennyivel kevésbbé e ház, amelyet én építettem" (1 Királyok 8:27)

"Ismerek egy embert a Krisztusban, aki tizennégy évvel ezelőtt (ha testben-é, nem tudom; ha testen kívül-é, nem tudom; az Isten tudja) elragadtatott a harmadik égig." (2 Korinthusi 12:2).

Pál apostolt a harmadik mennybe vitték, eszerint létezik az első, a második és a harmadik mennyország, és lehetséges még több is.

István a Cselekedetek 7:56-ban ezt mondta: "Ímé látom az egeket megnyilni, és az embernek Fiát az Isten jobbja felől állani." Ha az ember lelki szeme kinyílik, láthatja a spirituális birodalmat, és rájön, hogy a mennyei királyság létezik.

Manapság még a tudósok is azt állítják, hogy több ég létezik. Ebben a témában a vezető tudós Max Tegmark, egy kozmológus, aki bevezette a négyszintű multiverzum fogalmát.

Ez alapvetően arról szól, hogy a kozmológiai megfigyelések szerint az univerzumunk a teljes univerzum része, amelyben számtalan világmindenség létezik, és mindeniknek ezek közül teljesen más fizikai jellemzői lehetnek.

A különböző fizikai jellemző azt jelenti, hogy a tér- és időfogalmak teljesen mások. Természetesen, a tudomány nem tudja megmagyarázni a spirituális birodalmat. Azonban tudományos hozzáállással is rájöhetünk arra, hogy az univerzumunk nem minden, ami létezik.

Az első és a második mennyország

A sokféle mennyországot két alkategóriába lehet besorolni. Ezek a spirituális birodalom mennyországa, amely láthatatlan a szemnek, és a fizikai birodalom mennyországa, amelyben élünk. A fizikai univerzum, amelyben élünk, az első mennyország, és a második mennyországtól már a spirituális birodalomról beszélünk. A második mennyországban létezik a fény birodalma, ahol az Édenkert található, és a sötétség birodalma, ahol a gonosz szellemek laknak.

Az Efezusi 2:2 szerint a gonosz szellemek "a levegőbeli hatalmasság fejedelmei," és ez a "levegő" a második mennyországban van. A Genezis 3:24 azt tartalmazza, hogy az Édenkerttől keletre Isten elhelyezte a kerubokat és a villogó pallost, mely minden irányból megvédi az élet fáját.

"És kiűzé az embert, és oda helyezteté az Éden kertjének keleti oldala felől a Kerúbokat és a villogó pallos lángját, hogy őrizzék az élet fájának útját."

Miért helyezte Isten őket keletre? Azért, mert a kelet olyan, mint egy határvonal a gonosz szellemek és az Édenkert között, amely Istenhez tartozik. Isten őritze a kertet, hogy a gonosz szellemek ne tudjanak behatolni, és ne ehessenek az élet fájáról, így örök életet nyerve.

Mielőtt evett a jó és a rossz tudásának fájáról, Ádámnak megvolt a hatalma Istentől, hogy uralkodjon az Édenkert fölött, és mindenen az első mennyországban. Azonban Ádámot kivezették a Kertből, mert ellenkezett Isten Igéjével, és evett a tudás fájáról. Innentől kezdve valaki másnak kellett vigyáznia az Édenkertet, ahol a tudás fája volt található. Ezért Isten ide helyezte a kerubokat és a lángoló pallost, amely minden irányból vigyázott az Édenkertre Ádám helyett.

Édenkert

A Genezis második fejezetében, miután Isten megalkotta Ádámot a föld porából, teremtett egy kertet Édenben, és Ádámot erre a helyre vitte. Ádám egy "élőlény" vagy "élő szellem" volt. Egy szellemi lény volt, aki az élet leheletét kapta Istentől. Ezért Isten a második mennyországba helyezte őt, amely egy spirituális hely, hogy itt éljen.

Isten megáldotta őt, amíg a földre utazott az első mennyországban, hogy mindenek fölött uralkodjon, és mindent a hatalma alá rendeljen. Miután Ádám bűnözött, és engedetlen volt Istennel, a szelleme meghalt, és nem élhetett egy spirituális helyen többé. Ezért vezették ki őt a földre.

Akik nem értik ezt a tényt, próbálják megtalálni az Édenkertet a földön. Nem értik, hogy az Édenkert a második mennyországban, azaz a spirituális birodalomban van, és nem a fizikai világban.

A gízai piramisok Egyiptomban a világ csodáinak egyikét képezik. Nagyon kifinomultak és nagyok, olyannyira, hogy nehéz elképzelni, hogy emberi technológia szerint épültek. A köveknek az átlagos súlya 2,5 tonna. 2,3 millió darab alkot egy piramist. Honnan szedték ezeket a köveket? Milyen eszközöket használtak, hogy megépítsék a piramisokat ebben az időben?

Aztán: ki építette a piramisokat? A kérdésre könnyen válaszolhatunk, ha megértjük, hogy számtalan ég vagy mennyország és spirituális tér létezik. További részleteket a Genezis előadásokban találhat az olvasó. Miután Ádámot kivezették az Édenkertből az engedetlensége miatt, ki él a Kertben?

A Genezis 3:16-ban Isten ezt mondta Évának, miután bűnözött: "Felette igen megsokasítom viselősséged fájdalmait, fájdalommal szűlsz magzatokat." A "megsokasítom" azt jelenti, hogy a gyerekszülés fájdalommal jár, amely még nagyobb lesz majd idővel. A Genezis 1:28 azt tartalmazza, hogy Ádám és Éva "sokasodott," ami azt jelenti hogy Éva szült, amíg az Édenkertben élt.

Ezért Ádámnak és Évának a gyerekei száma végtelen volt az Édenkertben. És még most is ott élnek, miután Ádámot és Évát kivezették innen a bűneik miatt. Mielőtt Ádám bűnözött az Édenkertben, az emberek szabadon utazhattak a földre, azonban, miután Ádámot kivezették innen, ezt korlátozták.

Az idő és a tér fogalma az első és a második mennyországban nagyon különböző. A második mennyországban is létezik időfolyam, de nem olyan korlátozott, mint az első mennyországban vagy a fizikai világban. Az Édenkertben senki nem lesz öreg, vagy hal meg. Semmi nem pusztul el vagy hal ki. Hosszú idő után sem érzik az Édenkertben az emberek az idő folyását. Úgy érzik, mintha mozdulatlan időben élnének. Az Édenben a tér korlátlan.

Ha az emberek nem halnak meg az első mennyországban, vagy égben, akkor valószínű egy nap tele lesz emberekkel. Azonban, mivel a második mennyország tere korlátlan, soha nem telik meg emberekkel, függetlenül attól, hogy hányan születnek.

A harmadik mennyország

Van egy másik mennyország, amely a spirituális birodalom része. Ez a harmadik mennyország, ahol a mennyország királysága található. Ez a hely, ahol Isten üdvözült gyerekei élnek az örökkévalóságban. Pál apostol világos látomásokat kapott az Úrtól és ezt mondta a 2 Korinthusi 12:2-4-ben: "Ismerek egy embert a Krisztusban, aki tizennégy évvel ezelőtt (ha testben-é, nem tudom; ha testen kívül-é, nem tudom; az Isten tudja) elragadtatott a harmadik égig. És tudom, hogy az az ember, (ha testben-é, ha testen kívül-é, nem tudom; az Isten tudja), Elragadtatott a paradicsomba, és hallott kimondhatatlan beszédeket, amelyeket nem szabad embernek kibeszélnie."

Ahogy egy országban létezik a főváros és kisebb és nagyobb városok, a mennyei királyságban is számos lakóhely található, kezdve Új Jeruzsálemmel, ahol Isten trónja található, a Paradicsomig, amely a mennyei királyság külvárosának számít. Attól függően, hogy mennyire szerettük Istent, és amilyen mértékben követtük az igazság szívét, és visszaszereztük Isten elveszett képét a földön, a lakóhelyeink mind különbözőek lesznek.

A harmadik ég vagy mennyország kevesebb idő- és térbeli korláttal bír, mint a második ég. Az idő és a tér örök és korlátlan itt. Az emberi lényeknek, akik az első mennyországban laknak, nehéz megérteni a mennyei királyság idő- és térfogalmát. Gondoljunk például egy léggömbre. Mielőtt felfújjuk, a területe és térfogata korlátolt, azonban nagyban megváltozhat, attól függően, hogy mennyi levegőt fújunk bele. A mennyei királyság tere is hasonló. Ha házat építünk a földön, szükségünk van egy telekre, és a tér, amit ezen a telken megalkotunk, korlátolt lesz. Azonban a harmadik mennyország terében nagyon másféleképpen lehet házat építeni, mint a földön, mivel a terület, térfogat, hosszúság és magasság fogalmai teljesen mások, mint a földön.

A negyedik ég, Isten lakóhelye

A negyedik mennyország az eredeti hely, ahol Isten létezett az idő kezdete előtt, mielőtt a teljes univerzumot különböző mennyországokra vagy egekre osztotta. A negyedik égben értelmetlen az idő és tér fogalmát használni. A negyedik ég túlszárnyal minden idő és tér fogalmat, és itt bármi, amit Isten kíván az elméjével, azonnal megvalósul.

A feltámadt Úr megjelent a tanítványainak, akik féltek a zsidóktól, és elbújtak egy olyan házban, amelynek az összes ajtója zárva volt (János 20:19-29). Megjelent a ház közepén, annak ellenére, hogy senki sem nyitott neki ajtót. A semmiből megjelent a tanítványai előtt, akik Galileában voltak, és evett velük (János 21:14). A földön volt 40 napig, és a mennyországba felment a felhőkön számos ember szeme láttára. Láthatjuk, hogy a feltámadt Jézus Krisztus túlszárnyal a fizikai téren és időn.

Akkor: mennyivel inkább ilyenek lesznek a dolgok a negyedik mennyországban, ahol Isten eredetileg lakott? Ahogy magában foglalta és irányította a tereket az univerzumban, amíg Fényként létezett, és magában foglalta a Hangot, most is uralkodik a negyedik mennyország minden dolgán, a második mennyországon és a harmadik mennyországon is, míg a negyedik a mennyországban lakik.

Isten, a mindenható teremtő

Ez a világ, ahol az emberi lények élnek, egy kis porszem összehasonlítva a tágas és titokzatos terekkel a mennyországban. A földön az emberek mindent megtesznek azért, hogy jobb életet éljenek. Ezért vállalják a nehézségeket is. A földi dolgaik nagyon bonyolultak, és a gondjaikat nehéz megoldani. Azonban Isten számára ezek nem jelentenek gondot.

Tegyük fel, hogy egy ember a hangyák világát figyeli. Néha a hangyáknak nagy nehézségbe kerül az ételüket hordozni. Azonban, egy ember nagyon könnyen beteszi az élelmet a hangyák házába. Ha egy hangya egy nagy pocsolyával találkozik, amin nem tud átmenni, az ember felveszi a hangyát a kezébe, és átteszi a pocsolya másik felére. Bármennyire nehéz egy probléma a hangyáknak, az ember számára ez egy kis dolog. Hasonlóan: a mindenható Isten segítségével semmi nem jelenthet problémát.

Az Ótestamentum tanúsítja Isten mindenhatóságát, számtalan alkalommal. Isten hatalmas tekintélyével a Vöröstenger kettévált, a Jordán folyó áradása megállt, a nap és a hold megállt, és amikor Mózes a botjával megütött egy sziklát, víz fakadt belőle. Függetlenül attól, hogy mekkora hatalma és gazdagsága vagy tudása van egy embernek, nem lehetséges számára, hogy szétválassza a tengert, és megállítsa a napot és a holdat. Azonban Jézus ezt mondta a Márk 10:27-ben: "Az embereknél lehetetlen, de nem az Istennél; mert az Istennél minden lehetséges."

Az Újtestamentum számos olyan esetet mutat be, ahol a betegek és a mpzháskorlátozottak meggyógyultak és teljessé váltak, és a holtak is életre keltek Isten hatalmával. Amikor olyan zsebkendőket és kötényeket vittek a betegekhez, amelyeket Pál megérintett, a betegségek meggyógyultak, és a gonosz szellemek kimentek belőlük.

Isten, a Mindenható túlszárnyalja az emberi korlátokat

Napjainkban, ha megkapjuk a segítséget Isten hatalmából, semmi nem lesz probléma. Még a látszólag legnehezebb gondok sem lesznek igazi gondok. Ennek bizonyítékát látom minden héten a templomban, ahol szolgálok. Számos gyógyíthatatlan betegség, beleértve az AIDS-et, meggyógyult, amikor a hívők meghallgatták Isten Igéjét, és imádkoztak az istentiszteleten, valamint gyógyító imában részesültek.

Nem csak Dél-Koreában, hanem a világon számos más ember is megtapasztalta a Bibliában leírt csodálatos gyógyító munkákat. Ezeket a munkákat a CNN bemutatta. Ráadásul vannak olyan segédpásztorok, akik azokkal a zsebkendőkkel imádkoznak, amelyeken én imádkoztam. Az ilyen imák által bámulatos isteni gyógyulások történnek kultúrákon és nemzeteken át.

Ha magamról beszélek, szintén megoldódtak az életem problémái, amikor találkoztam Istennel, a Teremtővel. Számos betegségem volt, olyannyira, hogy "a betegségek tárháza" volt a becenevem. Nem volt békesség a családomban. Nem láttam a reménység sugarát. Azonban, bámulatos módon rögvest meggyógyultam, amikor egy templomban letérdeltem. Isten megáldott engem, és visszafizettem adósságomat, amely oly nagy volt, hogy lehetetlennek tűnt visszafizetni az életemben. Azonban, néhány nap alatt vissza tudtam fizetni. A családomba visszatért a boldogság és az öröm, és mindenek fölött: Isten elhívott, hogy lelkész legyek, és megadta a hatalmat, amellyel számos lelket meg tudok menteni.

Napjainkban sokan azt mondják, hogy hisznek Istenben, azonban kevesen élnek az igaz hit szerint. Ha gondjuk van, a legtöbben közülük az emberi módszerekre hagyatkoznak, ahelyett, hogy Istenre támaszkodnának. Frusztráltak lesznek, és elveszítik a bátorságukat, amikor a gondjaik nem oldódnak meg a saját módszereik szerint. Ha megbetegszenek, nem Istenre tekintenek, hanem az orvosokban bíznak a kórházban. Ha az üzleti életben nehézségük van, akkor itt-ott segítséget keresnek.

Néhány hívő Istenre panaszkodik, vagy hiteszegetté válik a fizikai nehézségek miatt. Bizonytalanná válnak a hitükben, és elveszítik a teljességet, hogyha üldözik őket, vagy veszteségük van azért, mert becsületesen viselkedtek. Azonban, ha elhiszik, hogy Isten teremtette a mennyet, és mindent lehetővé tesz, akkor bizonyosan nem teszik mindezt. Isten megteremtette az emberi lények összes belső szervét. Létezik olyan betegség, amit Isten nem tudna meggyógyítani? Isten ezt mondta: "Enyém az ezüst és enyém az arany" (Aggeus 2:8). Vajon nem tudja gazdaggá tenni a gyermekeit Isten? Bármit megtehet, de az ember bátortalanná és csüggedtté válik, és eltávolodik az igazságtól, mert nem bízik Istenben, a Mindenhatóban. Függetlenül attól hogy milyen problémánk van, meg tudja oldani bármikor, hogyha hisz Istenben, szívéből, és Rá hagyatkozik.

Találkozni a Mindenható Istennel, a Teremtővel

Naámán hadvezér története a 2 Királyok 5. fejezetében arra tanít bennünket, hogyan kapjunk válaszokat a problémáinkra Isten, a Teremtő Mindenható által. Naámán Arám seregének vezetője volt, de nem tudott semmit kezdeni a leprájával.

Egy nap egy kis zsidó szolgálólánytól meghallotta Elisha,

Izrael prófétájának a csodatételét Isten hatalmából. Egy hitetlen ember volt, aki nem hagyta figyelmen kívül a kislány szavait, mivel jószívű volt. Értékes áldozatokat készített elő, hogy Elishával találkozzon, Isten emberével, ezért hosszú útra indult. Azonban, amikor Elisha házához ért, a próféta nem fogadta őt, és nem is imádkozott érte. Mindössze egy szolgálóval üzenetet küldött, hogy mossa meg a testét a Jordán folyóban hétszer. Naámán először megsértődött, azonban kis gondolkodás után meggondolta magát, és engedelmeskedett. Bár a saját gondolkodása szerint Elisha szavai vagy cselekedetei értelmetlenek voltak számára, mégis bízott benne, és engedelmeskedett neki, mivel Isten prófétája volt, aki Isten hatalmából csodákat tett.

Amikor Naámán elmerült a Jordán folyóban hétszer, a leprája csodával határos módon teljesen meggyógyult. Mit jelképez itt a testének a megmártása a Jordán vizében? A víz Isten Igéje. Azt jelenti, hogy megbocsátható az embernek az összes bűne, hogyha a piszkos dolgokat kitakarítja a szívéből Isten Igéjével ugyanúgy, ahogy a testét megmossa a vízzel. Mivel a 7 a tökéletesség száma, hétszer elmerülni azt jelenti, hogy teljesen megbocsátottak neki.

Amint láttuk, ahhoz, hogy mi, emberek, válaszokat kapjunk a Mindenható Istentől, meg kell hogy nyissuk a kommunikáció csatornáját köztünk és Isten között, és közben megbocsájtják a bűneinket. Az Ézsaiás 59:1-2 ezt tartalmazza: "Ímé, nem oly rövid az Úr keze, hogy meg ne szabadíthatna, és nem oly süket az ő füle, hogy meg nem hallgathatna Hanem a ti vétkeitek választanak el titeket Istenetektől, és bűneitek fedezték el orcáját ti előttetek, hogy meg nem hallgatott." Hogyha nem ismerjük Istent, és nem fogadjuk el Jézus Krisztust, meg kell hogy bánjuk ezt (János 16:9). Isten azt mondja, hogy mindannyian gyilkosok vagyunk, hogyha utáljuk a testvéreinket (1 János 3:15), és meg kell hogy bánjuk, hogy nem szeretjük őt. A Jakab 4:2-3 ezt tartalmazza: "Kívántok valamit, és nincs néktek: gyilkoltok és irígykedtek, és nem nyerhetitek meg; harcoltok és háborúskodtok; és nincsen semmitek, mert nem kéritek Kéritek, de nem kapjátok, mert nem jól kéritek, hogy gerjedelmeitekre költsétek azt." Így meg kell hogy bánjuk, hogy kapzsisággal és kétellyel imádkoztunk (Jakab 1:6-7).

Továbbá, ha nem ültettük gyakorlatba Isten Igéjét, miközben megvallottuk a hitünket, alaposan meg kell hogy bánjuk ezt. Nem elég, ha azt mondjuk: sajnálom. Teljesen fel kell hogy tépjük a szívünket, és sírnunk kell. A megbánásunk igaz csak akkor lehet, ha keményen elhatároztuk, hogy Isten Igéje szerint élünk, és valójában gyakoroljuk azt. A Deuteronomé 32-39 ezt tartalmazza: "Most lássátok meg, hogy én vagyok, és nincs Isten kivülem! Én ölök és elevenítek, én sebesítek és én gyógyítok, és nincs, aki kezemből megszabadítson." Ez az Isten, akiben hiszünk.

Isten megalkotta a mennyet és mindent, ami benne van. Ismeri a helyzetünket. Elég hatalmas ahhoz, hogy válaszokat adjon az imánkra. Függetlenül attól, hogy mennyire elkeseredett vagy depressziós helyzetben vagyunk, mindent megváltoztathat könnyedén, mintha egy érmét dobnánk fel. Ezért remélem válaszokat kapsz az imáidra, és a szíved vágyára úgy, hogy igaz hited van, amellyel kizárólag Istenre támaszkodsz.

Dr. Vitaliy Fishberg (New York, Egyesült Államok)

A csodák helyszínén

Mielőtt befejeztem a moldovai orvosi egyetemet, "Az Ön háziorvosa" nevű orvosi folyóirat főszerkesztője voltam, amely híres Moldovában, Ukrajnában, Oroszországban és Fehéroroszországban. 1997-ben az USA-ba költöztem. Doktoráltam naturopátiás orvoslásban, PhD-t szereztem klinikai élelmezés tudományban és integratív orvostudományban, doktorátust szereztem alternatív orvostudományban, és doktoráltam ortomolekuláris orvostudományban, valamint tiszteletbeli doktorátust szereztem a természetes egészségtudományban. Amikor New Yorkba jöttem a tanulmányaim befejezése után, nagyon gyorsan híressé váltam az orosz közösségben, és számos újság heti rendszerességgel kiadta a cikkeimet. 2006-ban hallottam, hogy egy hatalmas keresztény találkozó lesz a Madison Square Garden-ben. Itt alkalmam volt találkozni a Manmin egyház kiküldött csoportjával, és éreztem a Szentlélek erejét általuk megnyilvánulni. Két héttel később részt vettem a misszióban.

Dr. Jaerock Lee imádkozott a résztvevőkért a mise után, és elmondta, miért Jézus a Megmentő. "Uram, gyógyítsd meg őket! Urm Isten,

ha az általam prédikáltak nem igazak, akkor ne tegyek csodát ma este! Azonban, ha igazak, számtalan lélek lássa meg az élő Isten bizonyítékait. A béna járjon, a süket halljon, a gyógyíthatatlan betegségek szűnjenek meg a Szentlélek által, és ezek az emberek legyenek egészségesek!
Sokkolt ez az ima. Mi van, ha nem történik isteni gyógyulás? Hogyan tudott olyan magabiztosan imádkozni? A csodák már akkor elkezdődtek, mielőtt a betegekért szóló ima elkezdődött volna. A gonosz szellemek távoztak az emberekből. A némák beszéltek, a vakok láttak. Nagyon sokan azt vallották, hogy a hallásukkal kapcsolatos betegségük meggyógyult. Sokan felálltak a tolószékből, és eldobták a botjukat. Néhányan azt vallották, hogy meggyógyultak az AIDS-ből.
Amint a misszió folytatódott, Isten hatalma egyre inkább megjelent. Az orvosok a világ keresztény orvosainak csoportjából (Doctors of World Christian Doctors Network, WCDN), akik számos országból jöttek, egy asztalnál várták a betegek tanúbizonyságát. Megpróbálták orvosilag ellenőrizni ezeket, és a végén nem volt elég orvos, aki feljegyezte volna az összes ember gyógyulási történetét.

Nubia Can egy 54 éves Queens-I hölgy, akinél gerincrákos diagnózist állapítottak meg 2003-ban. Azóta képtelen volt mozogni vagy járni. Az összes idejét ágyhoz kötve töltötte, és minden második órában morfium injekciót kellett beadnia magának az elviselhetetlen fájdalma miatt. Az orvosa azt mondta, hogy nem lesz képes újra járni.
Amikor 2006-ban részt vett dr. Jaerock Lee New York-i missziójában egy barátjával, megtapasztalta, hogy számos ember meggyógyult Isten erejéből, és a hite nőni kezdett. Amikor meghallgatta dr. Jaerock Lee imáját, a testét melegség öntötte el, és azt érezte, hogy valaki masszírozza a hátát. A hátából eltűnt a fájdalom, és a misszió óta képes járni, és tudja mozgatni a derekát. Az orvosa csodálkozva nézte őt, mivel azt mondta, hogy soha nem fog járni. Ezzel szemben

A WCDN orvosai ellenőrzik a tanubizonyságokat

szabadon járkál, és még táncolni is tud a kedvenc dalára.

Maximilian Rodriguez Brooklynban élt, és nagyon gyenge volt a látása. Tizennégy kontaktlencsét viselt, valamint az elmúlt két évben már szemüveges is volt. A misszió utolsó napján meghallgatta dr. Jaerock Lee imáját hittel, és azonnal azt tapasztalta, hogy szemüveg nélkül is lát. Ma már a legkisebb betűket is el tudja olvasni a Bibliában, szemüveg nélkül. Miután látta és bizonyította a látásának a javulását, a szemésze nagyon csodálkozott azon, amit megtapasztalt.

A Madison Square Garden, ahol 2006 júniusában tartottuk a missziót, igazi csodák helyszíne volt. Nagyon meghatott, hogy megtapasztalhattam Isten hatalmának erejét. Ez engem is megváltoztatott, és lehetővé tette, hogy az életet más szemszögből nézzem. Eldöntöttem, hogy Isten eszközévé válok úgy, hogy orvosilag bizonyítom Isten gyógyító munkáját, és lehetővé teszem, hogy az egész világ megismerje azt.

- Kivonata Rendkívüli dolgokból -

Harmadik fejezet
A Szentháromság Istene

„
Az Isten, amiben hiszünk, egy Isten.
De három személy él benne:
az Atya, a Fiú és a Szentlélek.
"

Isten gondviselése nyilvánul meg az emberek művelésében
A Szentháromság Istenének természete és rendje
A Szentháromság Istenének szerepei
Jézus, a Fiú megnyitja az üdvösség kapuját
A Szentlélek beteljesíti az üdvösséget
Ne oltsd el a Lelket
Isten az Atya, az emberek művelésének Igazgatója
A Szentháromság Istenne beteljesíti az üdvösség gondviselését
A Szentháromság Istene és a Szentlélek munkájának tagadása

"Menjetek el azért és tegyétek tanítványokká az összes nemzeteket, bemerítve őket az Atyának, a Fiúnak és a Szent Szellemnek nevében."

(Máté 28:19)

A Szentháromság Istene azt jelenti, hogy Isten, az Atya, Isten a Fiú és Isten, a Szentlélek egyek. Az Isten, akiben hiszünk, egy Isten. Azonban három személy él benne: az Atya, a Fiú, és a Szentlélek. Mivel ők egyet képeznek, azt mondjuk, hogy a "Szentháromság Istene," vagy "Isten, a Szentháromság." Ez a kereszténység nagyon fontos tanítása, de aligha van valaki, aki pontosan és részletesen meg tudja ezt magyarázni. Azért nem, mert nagyon nehéz az emberek számára, akiknek korlátolt a gondolkodása és az elméletei, megérteni Istennek, az Alkotónak az eredetét. Amilyen mértékben megértjük a Szentháromság Istenét, és megértjük a Szívét, áldásokat és válaszokat kaphatunk az imáinkra, ha Vele kommunikálunk.

Isten gondviselése az emberi művelés által

Isten azt mondta az Exodus 3:14-ben: "VAGYOK, AKI VAGYOK." Senki nem adott Neki életet, és senki nem alkotta meg Őt. Az idő kezdete óta létezett. Az ember értelmén és képzeletén túl létezik. Nincsen eleje és vége. A világmindenség előtti időkből létezik, a világmindenségen át. Amint láttuk a fentiekben, Isten egyedül létezett, mint Fény a búgó Hanggal a végtelen térben (János 1:1, 1 János 1:5). Azonban az idő egy bizonyos pontján szerette volna, ha van valaki, akivel megoszthatja a szeretetét. Ezért megtervezte az emberek művelését, hogy igaz gyermekeket nyerjen.

Hogy véghezvigye az ember művelését, Isten először szétválasztotta a teret spirituális térre és fizikai térre, ahol az emberek élnek, akiknek fizikai teste van. Ez után a Szentháromság Isteneként létezett. Az eredeti Isten három személyben: az Atyában, a Fiúban és a Szentlélekben létezett.

A Biblia szerint Isten, a Fiú, Jézus Krisztus Istentől született

(Cselekedetek 13:33), és János 15:26, valamint Galatea 4:6 azt mondja, hogy a Szentlélek is Istentől származik. Ahogy egy alteregót létre lehet hozni, Jézus, a Fiú és a Szentlélek is Isten Atyától származott. Ez teljesen szükséges volt az emberi művelés céljából.

Jézus, a Fiú és a Szentlélek nem Isten által kreáltak, hanem ők az eredeti Isten részei. Eredet szerint egyet képeznek, de függetlenül léteznek egymástól, az emberi művelés céljából. A szerepük különbözik, de egy a szívük, gondolatuk, hatalmuk, és ezért azt mondjuk, hogy Ők a Szentháromság Istene.

A Szentháromság Istenének természete és rendje

Jézus, a Fiú és a Szentlélek is Mindenható, mint Isten, az Atya is. Jézus a Fiú és a Szentlélek érzi, mit kíván az Isten, az Atya. Fordítva: Isten, az Atya érzi Jézus, a Fiú és a Szentlélek örömét és bánatát. És mégis: a három személy független entitás, akiknek különböző a karakterük, és a szerepük is különbözik.

Egyrészről Jézus, a Fiú ugyanazzal a szívvel bír, mint Isten, az Atya, de az Ő istensége erősebb, mint az embersége. Ezért az isteni méltósága és igazságossága jobban hangsúlyozott. Másrészről, a Szentlélek esetében az emberség az erősebb. A törékeny, kedves, kegyelmes és együttérző jellemzői szembeötlőbbek.

Amint láttuk, Isten, az Atya és Isten, a Szentlélek egy eredettel bírnak Istennel, az Atyával, de független entitások, jól körülírható jellemzőkkel. A szerepük különbözik. Isten, az Atya után van Jézus Krisztus, a Fiú, és a Szentlélek a Fiú után következik. Szeretettel szolgálja az Atyát és a Fiút.

A szentháromság istenének szerepei

A három személy a Szentháromságban közösen szolgálja az emberek művelését. Mind a három személy tökéletesen játssza a szerepét, de néha együtt szolgáltak az emberiség művelésének fontos pillanataiban.

Például, a Genezis 1:26 ezt tartalmazza: "Teremtsünk embert a mi képünkre és hasonlatosságunkra;" Arra következtethetünk, hogy a Szentháromság Istene együtt alkotta meg az emberi lényeket az Ő hasonmására. Amikor Isten lejött, hogy megnézze Bábel tornyát, a három személy együtt érkezett. Amikor az emberek elkezdték építeni Bábel tornyát, azzal a vággyal, hogy istenné váljanak, akkor a Szentháromság összekeverte a nyelveket. A Genezis 11:7-ben ezt olvassuk: "Nosza szálljunk alá, és zavarjuk ott össze nyelvöket, hogy meg ne értsék egymás beszédét." Itt, a "mi" egy többes szám első személyű névmás, és látjuk, hogy a Szentháromság Istenének három személye együtt volt. A három személy néha egyként dolgozott, azonban különböző szerepeket láttak el annak érdekében, hogy az emberiség fejlődésének gondviselését megvalósítsák a teremtéstől kezdve egészen az emberek üdvösségéig. Milyen szerepet tölt be a Szentháromság három személye külön-külön?

Jézus, a fiú megnyitja az üdvösség útját

Jézus, a Fiú szerepe az, hogy Megmentővé váljon, és a bűnösök előtt megnyissa az üdvösség útját. Mivel Ádám az engedetlensége miatt evett az Isten által tiltott gyümölcsből, a bűn beköltözött az emberekbe. Az emberi lényeknek szükségük volt az üdvösségre.

Arra voltak ítélve, hogy örök halálba hulljanak, azaz a pokol tüzébe a spirituális birodalom törvénye szerint, amely azt mondja, hogy a bűn zsoldja a halál. Azonban Jézus, Isten Fia megfizette a bűnösök bűneiért a büntetést, hogy ne hulljanak a pokolba.

Miért kellett Jézusnak, a Fiúnak az emberiség megváltójává válni? Ahogy minden országnak megvannak a törvényei, a spirituális birodalomnak is megvannak a törvényei, és nem válhat bárkiből Megmentő. Csak akkor nyithatja meg valaki a megváltás útját, hogyha minden egyes képessége megvan erre. Melyek ezek a képességek, melyek alapján az emberiség számára megnyithatta az üdvösség útját, akik arra voltak ítélve, hogy a bűnök miatt a halálba menjenek?

Jézus, a Fiú megnyitja az üdvösség útját

Először is, a Megmentőnek embernek kell Lennie. Az 1 Korintusi 15 21 ezt tartalmazza: "Miután ugyanis ember által van a halál, szintén ember által van a halottak feltámadása is." Amint látjuk, mivel az első ember, Ádám bűne miatt a halál lett az emberek büntetése, a megmentés is csak egy olyan embertől származhat, mint Ádám.

Másodszor, a Megmentő nem lehet Ádám leszármazottja. Ádám leszármazottai mind bünösök, akik az eredeti bűnnel születnek, melyet az apjuktól örökölnek. Ádám egyetlen leszármazottja sem lehet a Megmentő. Azonban Jézus a Szentlélektől fogantatott, és nem Ádám leszármazottja. Nincsen benne az eredeti bűn, melyet a szüleitől örökölt volna (Máté 1:18-21).

Harmadsorban, a Megmentőnek hatalmasnak kell lennie. Annak érdekében, hogy megmentse a bűnösöket az ellenséges ördögtől, a Megmentőnek hatalmasnak kell Lennie. A spirituális hatalom azt jelenti, hogy bűntetlen. Nem lehet benne az eredeti bűn, és nem követhet el egyetlen bűnt sem, hanem Isten Igéjének kell engedelmeskednie. Minden bűntől és folttól szabadnak kell Lennie.

Végül, a Megmentőben kell hogy legyen szeretet. Lehet, hogy valakiben megvan a fenti három képesség, azonban nem halhat meg más emberek bűneiért, hogyha nincsen benne szeretet. Az emberiség soha nem üdvözülhet ily módon. Ezért a Megmentő kell hogy bírjon szeretettel, hogy a halál büntetését magára vegye az emberiség helyett, akik bűnösök.

A "Krisztus passiója" című film nagyon jól bemutatta Jézus szenvedéseit. Jézust megkorbácsolták, és a húsát felszakították, a kezén és a lábfején szöget ütöttek át, és töviskoszorút viselt a fején. Keresztre feszítették, és amikor az utolsót is kilehelte, a mellkasát átszúrták, és a vérét és a testnedveit elfolyatták. Azért vette magára ezeket a szenvedéseket, hogy megmentsen bennünket a bűneinktől, betegségeinket, igazságtalanságainktól és gyengeségeinktől.

Ádám bűne óta senki sem teljesítette mind a négy képességet. Továbbá, Ádám leszármazottai öröklik az eredeti bűnt, azaz a bűnös természetet, a felmenőiktől, amikor megszületnek. Senki sem élt teljesen Isten törvénye szerint, és olyan ember sincs, aki soha nem bűnözött. Egy olyan ember, aki úszik az adósságban, nem fizetheti vissza mások adósságát. Hasonlóan, azok a bűnösök, akik eredeti bűnnel bírnak, és ők is bűnöztek, nem menthetik meg a bűnös embertársaikat. Ezért az idő kezdetén Isten előkészítette a titkot, amely rejtve volt: Jézus Krisztust, Isten Fiát.

Jézus eleget tett a Megváltó iránti elvárásoknak. A földre

született egy emberi testbe, de nem egy férfi spermium és egy női petesejt elegyéből. Szűz Mária gyermeket várt a Szentlélek által. Tehát Jézus nem volt Ádám leszármazottja, és nem az eredeti bűnnel született. Egész életében teljes mértékben engedelmeskedett a Törvénynek, és nem követett el semmilyen személyes bűnt egyáltalán.

Ez a tökéletesen képzett Jézus megfeszíttetett, önfeláldozó szeretetével a bűnösökért. Így, az emberek megnyerték az utat, hogy bocsánatot nyerjenek a bűneikért az Ő vére által. Ha Jézus nem lett volna Megváltó, minden emberi lény Ádám óta pokolba ment volna. Továbbá, ha mindenki a pokolba került volna, a célt az emberi művelést, nem lehetett volna elérni. Ez azt jelenti, hogy senki sem lett volna képes belépni a mennyek országába, és Isten nem nyert volna igaz gyerekeket.

Ezért Isten előkészítette Jézust, a Fiút, hogy elvégezze a Megváltó feladatát, annak érdekében, hogy teljesítse az emberi művelés célját. Bárki, aki hisz Jézusban, aki meghalt a kereszten értünk bűnök nélkül, elnyerheti a bűnei bocsánatát, és megkapja a jogot, hogy Isten gyermeke legyen.

A Szentlélek beteljesíti az üdvösséget

A Szentlélek szerepe az, hogy beteljesítse a Jézus, a Fiú által nyert üdvösséget. Olyan, mint amikor egy anya gondoz és felnevel egy újszülött csecsemőt. A Szentlélek hitet plántál azok szívébe, akik elfogadják az Urat, és vezeti őket addig, amíg elérik a mennyei királyságot. Számos szellemet alkot, miközben szolgál. A Szentlélek eredeti identitása egy helyen van, de számos szellem, amely Róla vált le, szolgál szerte a világon, ugyanilyen szívvel és hatalommal.

Természetesen, az Atya és a Fiú is számtalan szellemet leválaszt, csakúgy, mint a Szentlélek. Jézus ezt mondta a Máté

18:20-ban: "Mert ahol ketten vagy hárman egybegyűlnek az én nevemben, ott vagyok közöttük." Láthatjuk, hogy Jézus számos szellemet le tud választani az eredeti személyéről. Az Úr Jézus nem lehet a hívőkkel az eredeti lényeként mindenhol, ahol összegyűlnek az Ő nevében. Ehelyett, a szétosztott szellemei mennek mindenhová.

A Szentlélek minden hívőt olyan gyöngéden és szeretetteljesen vezet, ahogy egy anya vigyáz a gyermekére. Amikor az emberek elfogadják az Urat, a szellemek leválnak a Szentlélekről, és beköltöznek a szívükbe. Függetlenül attól, hogy hányan fogadják el az Urat, a Szentlélek leválasztott szellemei a szívükbe költöznek mindannyiuknak, és itt laknak. Amikor ez megtörténik, azt mondjuk, hogy "megszállta őket a Szentlélek." A Szentlélek az emberek szívében lakik, és segíti őket, hogy legyen spirituális hitük, és üdvözüljenek. Erősíti a hitüket, hogy kiteljesedjen. Mindezt úgy teszi, mint egy magántanár.

Vezeti a hívőket, hogy szorgalmasan tanulják Isten Igéjét, és a szívüket megváltoztassák az Igének megfelelően, közben állandóan növekedjenek szellemileg. Isten Igéje szerint, a hívők le kell hogy vetkőzzék az ingerlékenységüket, helyette jobb a jámborság, és a gyűlöletetüket szeretetté kell hogy változtassák. Ha irígység vagy féltékenység volt benned a múltban, most örülnöd kell kell mások sikerének, de igazából. Ha arrogáns voltál, most alázatos kell hogy legyél, és másokat kell hogy szolgálj.

Ha a saját előnyödet követted a múltban, akkor egészen a halálig fel kell most áldoznod magad. Azokkal, akik gonoszságot követtek el ellened, nem szabad ugyanúgy gonosznak lenned, hanem a jóságoddal meg kell hatnod őket.

Ne oltsd ki a Lelket

Miután elfogadtad az Urat, és számos éve hittél, ha még mindig hamisságban élsz, csakúgy, mint amikor hitetlen voltál, a benned lakó Szentlélek jajgatni fog. Ha könnyen dühbe gurulunk, amikor szenvedünk - lényegében ok nélkül - vagy ha ítélkezünk a testvéreink fölött a Krisztusban, és ha feltárjuk az ő bűneiket, akkor nem tudunk emelt fővel megjelenni az Úr előtt, aki meghalt a bűneinkért.

Tegyük fel, hogy a templomban egy címre tettél szert, mint például presbiterség, de nem élsz békében másokkal, és nehézségeket okozol nekik, vagy - mivel ítélkező vagy – a bukásukat okozod ezzel. A Szentlélek, amely benned lakik, nagyon szenved. Mivel elfogadtuk az Urat, és újjászülettünk, az összes bűnünket és gonoszságunkat ki kell hogy küszöböljük, és napról napra kell gyarapítanunk kell a hitünket.

Miután elfogadtuk az Urat, ha a világi bűnökben élünk, és a halálba vezető bűnöket elkövetjük, végül a bennünk lévő Szentlélek elhagy minket, és a nevünket kitörlik az élet könyvéből. Az Exodus 32:33 ezt tartalmazza: "Aki vétkezett ellenem, azt törlöm ki az én könyvemből."

A Jelenések 3:5 ezt tartalmazza: "Aki győz, az fehér ruhákba öltözik; és nem törlöm ki annak nevét az élet könyvéből, és vallást teszek annak nevéről az én Atyám előtt és az ő angyalai előtt." Ezek a versek elmondják nekünk, hogy annak ellenére, hogy megszállt bennünket a Szentlélek, és beírták a nevünket az élet könyvébe, ki is lehet onnan törölni.

Az 1 Thesszalonika 5:19 ezt mondja: "A Lelket meg ne oltsátok." Amint láttuk, bár üdvösséget nyertünk és megszállott a Szentlélek, ha nem élünk az igazságban, a Szentlélek kialszik.

A Szentlélek minden hívő szívében ott van, és rávezeti

arra, hogy ne veszítse el az üdvösséget úgy, hogy állandóan felvilágosítja őt az igazságról, és arra biztatja, hogy Isten akarata szerint éljen. Közben megtanítja nekünk: mi a bűn és az igazság, és tudtunkra adja, hogy Isten az Alkotó, Jézus Krisztussal megmenekülünk, van mennyország és pokol, és lesz Ítélet.

A Szentlélek közbenjár értünk Isten előtt, amint a Róma 8:26-ban írva van: "Hasonlatosképpen pedig a Lélek is segítségére van a mi erőtelenségünknek. Mert azt, amit kérnünk kell, amint kellene, nem tudjuk; de maga a Lélek esedezik mi érettünk kimondhatatlan fohászkodásokkal." Ha Isten gyermekei bűnöznek, panaszkodik, és segít nekik megbánást gyakorolni, és elfordulni a bűnöktől.

Inspirációt ad nekik, és a Szentlélek teljességét, valamint számos ajándékot, hogy eldobhassák a bűneiket, és megtapasztalhassák Isten munkáját. Nekünk, akik Isten gyermekei vagyunk, kérnünk kell, hogy a Szentlélek munkája megvalósuljon, és vágyakozunk kell a mélyebb dolgok iránt.

Isten, az Atya az ember művelésének igazgatója

Isten, az Atya az emberek művelése nagyszerű tervének az igazgatója. Ő az Alkotó, az Uralkodó és az Ítélkező az utolsó napon. Isten, a Fiú, Jézus Krisztus megnyitotta az üdvösség útját az emberek előtt, akik bűnösök. Végül a Szentlélek elvezeti azokat, akik üdvözülnek, hogy igaz hittel bírjanak, és a teljes üdvösséget elérjék. Más szóval: a Szentlélek beteljesíti az üdvösséget, amelyet minden hívő megkapott. A három személy szolgálata egyetlen hatalomként működik, amikor a célt, az emberek művelését eléri, amelynek eredményeként igaz gyermekekké válunk.

Azonban, a rendnek megfelelően mindannyiuk szolgálatát

szigorúan meg kell különböztetni - és mégis: a három személy ugyanabban az időben, egy közös zenekarként működik. Amikor Jézus a földre jött, tökéletesen követte az Atyja akaratát, anélkül, hogy a saját akaratát kinyilvánította volna. A Szentlélek Jézussal volt, és segítette a szolgálatát egészen onnantól kezdve, hogy Jézus megfogant Szűz Mária méhében. Amikor Jézust keresztre feszítették, és fájdalomtól szenvedett, az Atya és a Szentlélek ugyanazt a fájdalmat érezték át, ugyanabban az időben.

Hasonlóan, amikor a Szentlélek jajgat, és közbenjár a lelkekért, az Úr és az Atya ugyanazt a fájdalmat érzik, és ők is panaszkodnak. A Szentháromság Istenének három személye ugyanazzal a szívvel és akarattal, ugyanazt cselekedte, minden percben, és ugyanazokat az érzelmeket érezte, mindhárom személynek a szolgálata alatt. Egyszóval: a három személy megvalósított mindent az egyben lévő hárommal.

Isten, a Szentháromság a beteljesíti az üdvösség gondviselését

Isten három személye beteljesíti az emberi művelés gondviselését, mint három az egyben. Amint látjuk az 1 János 5:8-ban: "És hárman vannak, akik bizonyságot tesznek a földön, a Lélek, a víz és a vér; és ez a három is egy." A víz Isten, az Atya szolgálatát jelképezi, amely az Ige. A vér az Úr szolgálatát jelképezi: a kiontott a vérét a kereszten. A Szentháromság Istene a lélek, a víz és a vér szolgálatát követi, amelyek egyeznek, annak érdekében, hogy tanúsítsák: a hívő gyermekek üdvözülnek.

Tehát: meg kell értenünk a Szentháromság Istenének mindenik szolgálatát, és nem szabad hogy ebből csak egy személy felé hajoljunk. Ha megértjük, és hiszünk a Szentháromság három személyében, Isten hitével üdvözülünk, és mondhatjuk, hogy ismerjük Istent. Amikor imádkozunk, Jézus Krisztus nevében tesszük, de Isten, az Atya adja a válaszokat nekünk, és a Szentlélek segíti a válaszok meghallását.

Jézus ezt is mondta a Máté 28:18-ban: "Elmenvén azért, tegyetek tanítványokká minden népeket, megkeresztelvén őket az Atyának, a Fiúnak és a Szent Léleknek nevében," és Pál apostol megáldotta a hívőket a Szentháromság nevében. A 2 Korintusi 13-14 ben ez áll: "Az Úr Jézus Krisztusnak kegyelme, és az Istennek szeretete, és a Szent Léleknek közössége mindnyájatokkal." A vasárnapi reggeli istentiszteleteken az áldás az, hogy Isten gyermekei megkapják a Megmentő, az Úr Jézus Krisztus kegyelmét, Isten, az Atya szeretetét, és a Szentlélek teljességét és inspirációját.

A Szentléleknek és a Szentháromság Istenének a tagadása

Sok ember van, akik nem fogadják el a Szentháromságot. Ezek között vannak Jehova tanúi. Nem ismerik el Jézus Krisztus istenségét, nem ismerik el a Szentlélek külön egyéniségét, ezért ők istentagadó eretnekek. A Biblia azt mondja, hogy azok, akik megtagadják Jézus Krisztust, gyors pusztulást hoznak magukra mivel ők eretnekek (2 Péter 2:1). Úgy tűnhet kívülről, hogy gyakorolják a kereszténységet, de nem követik Isten akaratát. Nincs semmi közük az üdvösséghez, és nem szabad hogy hagyjuk, hogy minket, hívőket becsapjanak.

A fentiek mellett vannak olyan egyházak, amelyek tagadják a Szentlélek munkáját, bár azt mondják, hogy a Szentháromság hitével bírnak. A Biblia a Szentlélek számos ajándékát leírja, mint például a nyelveken való beszéd, a prófécia, az isteni gyógyítás, a jelenések és víziók. Vannak olyan egyházak, amelyek elítélik a Szentlélek munkáját, azt mondva, hogy helytelen, vagy megpróbálják akadályozni a Szentlélek munkáját, bár azt vallják, hogy hisznek Istenben. Gyakran elítélik azokat az egyházakat, amelyek a Szentlélek munkáit mutatják. Ez egyenesen megsérti Isten akaratát, és az istenkáromlás megbocsáthatatlan bűnét jelenti, valamint azt, hogy a Szentlelket ellenzik, illetve megszentségtelenítik. Amikor ezeket a bűnöket elkövetik, a megbánás szelleme nem hatja át őket, ezért nem tudják megbánni azokat.

Ha megrágalmazzák, vagy elítélik Isten szolgáját, vagy azt a templomot, amelyet megszáll a Szentlélek, ugyanaz, mintha a Szentháromság Istenét ítélnék el, és ellenségként Istennel szembeszállnának. Isten gyermekei, akik üdvösséget nyertek, és megszállta őket a Szentlélek, nem szabad hogy elkerüljék a Szentlélek munkáját, hanem ellenkezőleg: vágyakozniuk kell rá. Főleg a lelkészek, nem csak hogy meg kell tapasztalják a Szentlélek munkáit, hanem végre is kell hajtsák őket, hogy a nyájuk bőséges életet élhessen általuk.

Az 1 korintusi 420 ezt tartalmazza: "Mert nem beszédben áll az Istennek országa, hanem erőben." Ha a lelkészek csak a formalitásokat tanítják meg a nyájnak, azt jelenti, hogy vak vezet világtalant. A lelkészek fontos igazságra kell hogy tanítsák őket, és meg kell hogy engedjék nekik, hogy megtapasztalják az élő Isten bizonyítékait azzal, hogy a Szentlélek munkáját is bizonyítják és mutatják.

A mostani időket úgy hívják, hogy "a Szentlélek ideje." A Szentlélek vezetésével a Szentháromság Istenének bőséges áldását és kegyelmét érezzük, aki műveli az emberi lényeket.

A János 14:16-17 ez tartalmazza: "És én kérem az Atyát, és más vígasztalót ád néktek, hogy veletek maradjon mindörökké Az igazságnak ama Lelkét: akit a világ be nem fogadhat, mert nem látja őt és nem ismeri őt; de ti ismeritek őt, mert nálatok lakik, és bennetek marad."

Miután az Úr beteljesítette az emberi üdvösség szolgálatát, feltámadt, és felment a mennybe. A Szentlélek követte az Urat az emberek művelésének szolgálatában. A Szentlélek minden hívővel együtt van, aki elfogadja az Urat, és elvezeti őket az igazsághoz, mely minden egyes hívőnek a szívében lakik.

Mostanában, mivel nagyon elterjedt a bűn, és a sötétség egyre jobban beborítja a világot, Isten megmutatkozik azoknak, akik a szívükben keresik Őt, és megadja nekik a Szentlélek tüzes munkáit. Remélem, hogy Isten igaz gyermekévé válsz, az Atya, a Fiú és a Szentlélek munkáit követve, így mindent megkaphatsz, amit kérsz imában, és a teljes üdvösség a tiéd lehet.

Bibliai példák 1

Azok a dolgok, amelyek akkor történtek, amikor a második mennyország kapuja kinyílt az első mennyországra.

Az első mennyország a fizikai tér, ahol mi is lakunk.

A második a mennyországban van a fény, az Éden, és a sötétség területe.

A harmadik mennyországban van a mennyei királyság, ahol örökre élünk majd.

A mennyország az a hely, ahol az eredeti Isten él, és kizárólag a Szentháromság Istenéé.

Ezek a mennyországok szigorúan leválasztottak egymástól de egymás mellett vannak.

Amikor szükséges, a második mennyország kapuja kinyílik, az első mennyország kapuival egyesülve, ahol mi is élünk most.

Néha a harmadik és a negyedik mennyország kapuja is kinyílik.

Sok esemény van, ahol a második mennyország eseményei az első mennyországban történtek.

Amikor a második mennyország kapuja kinyílik, és az Édenkert tárgyai az első mennyországba kerülnek, azok, akik az első mennyországban élnek, megláthatják, és megérinthetik ezeket a tárgyakat.

Szodoma és Gomorra tűzítélete

A Genezis 19:24 ezt tartalmazza: "És bocsáta az Úr Sodomára és Gomorára kénköves és tüzes esőt az Úrtól az égből." Az "Úr az égből" azt jelenti, hogy az Úr kinyitotta a második mennyország terének kapuját, és lehozta onnan a kénkövet és a tüzet.

Ugyanez történt a Kármel hegyénél, amikor Éliás szembeszegült a hitetlenek 850 papjával, amikor lehozta a tűzválaszt. Az 1 Királyok 18:37-38 ezt tartalmazza: "Hallgass meg engem, Uram, hallgass meg engem, hogy tudja meg e nép, hogy te, az Úr vagy az Isten, és te fordítod vissza az ő szívöket! Akkor alászálla az Úr tüze, és megemészté az égőáldozatot, a fát, a köveket és a port, és felnyalta a vizet, amely az árokban volt." A második ég tüze elégeti az első mennyország tárgyait.

Három csillag vezette a három mágust

A Máté 2:9 ezt tartalmazza: "Ők pedig a király beszédét meghallván, elindulának. És ímé a csillag, amelyet napkeleten láttak, előttük megy vala mindaddig, amíg odaérvén, megálla a hely fölött, ahol a gyermek vala." Megjelent a második mennyből egy csillag, és hol megállt, hol elmozdulva mutatta az utat nekik. Amikor a varázslók elérték az úticéljukat, a csillag megállt.

Ha ez a csillag az első égből lett volna, akkor óriási hatással bírt volna az univerzumra, mert az első mennyország összes csillaga nagyon rendezett módon mozog a saját pályáján.

Megérthetjük, hogy a csillag, amely vezette a három mágust, nem az első mennyországból való volt.

Isten a második mennyország egy csillagát mozgatta úgy, hogy ne legyen hatással az első ég univerzumára. Isten megnyitotta a második ég terét, hogy a mágusok láthassák ezt a csillagot.

Manna, melyet Izrael fiai kapnak

Az Exodus 16:4 ezt tartalmazza: "És monda az Úr Mózesnek: Ímé én esőképpen bocsátok néktek kenyeret az égből; menjen ki azért a nép és szedjen naponként arra a napra valót, hogy megkísértsem: akar-é az én törvényem szerint járni, vagy nem?"

Amint mondta: "esőképpen bocsátok néktek kenyeret az égből," Isten mannát adott Izrael fiainak, miközben 40 évig bújdostak a vadonban. A manna olyan, mint a koriandermag, és úgy néz ki, mint a bdellium. Az íze olyan, mint az olajban sült süteményé. Amint láttuk, a Bibliában számos helyen találunk bejegyzéseket azokról az eseményekről, amelyek akkor történtek, amikor a második ég terének kapuja megnyílt az első mennyországban.

 # Igazság

"
Bármilyen gondot megoldunk,
és áldásokat és válaszokat kapunk az imánkra,
ha világosan megértjük Isten igazságát,
és ennek megfelelően cselekszünk.
"

Isten igazsága

Isten hiba nélkül alkalmazza az igazságát

Isten igazságtörvényeinek megfelelően viselkedni

Az igazság két oldala

Az igazság magasabb dimenziói

Hit és engedelmesség – az igazság alapszabályai

"Felhozza a te igazságodat, mint a világosságot, és a te jogodat, miként a delet."

(Zsoltárok 37:6)

Vannak olyan gondok, amelyek egyetlen emberi módszerrel sem oldhatóak meg, azonban egyetlen pillanat alatt megoldhatók Isten akaratából.

Például, bizonyos problémák a matematikában, amelyeket elemi iskolás diákok nehéznek találnak, nagyon könnyűek az egyetemistáknak. Hasonlóan, Isten számára semmi sem lehetetlen, mert minden mennyország vagy ég irányítója Ő.

Annak érdekében, hogy megtapasztaljuk a mindenható Isten hatalmát, ismernünk kell a módját, hogyan kaphatunk válaszokat Istentől, és ezeket gyakorolnunk kell. Bármilyen gondot megoldhatunk, és áldásokat és válaszokat kaphatunk, ha helyesen értjük meg Isten igazságát, és ennek megfelelően cselekszünk.

Isten igazsága

Az igazság azokra a szabályokra vonatkozik, amelyeket Isten állapított meg, és ezeket pontosan be kell tartani. Egyszerűen szólva: olyan, mint az ok-okozat hatás. Vannak olyan szabályok, amelyek bizonyos eredményekre vezetnek.

Még a hitetlenek is azt mondják, hogy azt aratjuk le, amit elvetettünk. Egy koreai mondás ezt mondja: "babot takarítok be ott, ahol babot vetettem, és piros babot takarítok be ott, ahol piros babot vetettem." Mivel a szabályok ilyenek, az igazság szabályai szigorúbbak Isten igazságában.

A Biblia ezt tartalmazza: "Kérjetek és adatik néktek; keressetek és találtok; zörgessetek és megnyittatik néktek." (Máté 7:7). "Ne tévelyegjetek, Isten nem csúfoltatik meg; mert amit vet az ember, azt aratándja is." (Galatea 6:7) "Azt mondom pedig: Aki szűken vet, szűken is arat; és aki bőven vet, bőven is arat." (2 Korinthus 9:6). Az igazság törvényeinek néhány példáját láttuk.

A bűn következényeinek szabályai is léteznek. A Róma 6:23 ezt mondja: "Mert a bűn zsoldja halál; az Isten kegyelmi ajándéka pedig örök élet a mi Urunk Krisztus Jézusban." A Példabeszédek 16:18 ezt mondja: "A megromlás előtt kevélység jár, és az eset előtt felfuvalkodottság." Jakab 1:15 ezt mondja: "Azután a kívánság megfoganván, bűnt szűl; a bűn pedig teljességre jutván halált nemz."

Ezeken kívül olyan szabályok is vannak, amelyeket a hitetlenek nem értenek meg. Például, a Máté 23:11 ezt mondja: "Hanem aki a nagyobb közöttetek, legyen a ti szolgátok." A Máté 10:39 pedig ezt mondja: "Aki megtalálja az ő életét, elveszti azt; és aki elveszti az ő életét én érettem, megtalálja azt." A Cselekedetek 20:35 ezt tartalmazza: "Mindenestől megmutattam néktek, hogy ily módon munkálkodva kell az erőtlenekről gondot viselni, és megemlékezni az Úr Jézus szavairól, mert ő mondá: Jobb adni, mint venni." Nemcsak hogy nem értik meg - a hitetlenek azt gondolják, hogy ezek a szabályok helytelenek.

Azonban Isten Igéje soha nem helytelen, és soha nem változik meg. A világi igazság az idő múlásával megváltozik, de Isten Igéje, ami a Bibliában van, azaz az igazság szabálya, beteljesül, ahogy meg van írva.

Ezért, hogyha igazából megértjük Isten igazságát, megtaláljuk az okot, ha gondunk van, és meg tudjuk azt oldani. Hasonlóan, a szívünk vágyára választ kapunk. A Biblia megmagyarázza, mi az oka annak, hogy megbetegszünk, miért vannak anyagi gondjaink, miért nincsen béke a családunkban, és miért veszítjük el Isten kegyelmét, és botladozunk.

Ha megértjük az igazság szabályait, amint írva találhatóak a Bibliában, áldásokat kapunk, és az imánkra válaszokat. Isten hűségesen betartja a szabályokat, amelyeket Ő Maga állapított meg, és ezért, hogyha ezeknek megfelelően cselekszünk, akkor biztosan áldásokat és válaszokat kapunk a gondjainkra.

Isten hiba nélkül betartja az igazságát

Isten, a Teremtő és minden dolgok Irányítója, és mégis: soha nem szegi meg az igazság szabályait, soha nem mondja ezt: "Én alkottam a szabályokat, de nem kell betartanom őket." Mindenben pontosan az igazság szerint működik, hiba nélkül.

Jézus, Isten Fia azért jött a földre, és azért halt meg a kereszten, hogy megmentsen a bűneinktől, és pontosan az igazság szabályai szerint cselekedett.

Van, aki ezt mondja: "Miért nem pusztítja el Isten a gonoszt, és miért nem ment meg mindenkit?" Azonban, Ő soha nem teszi ezt meg. Megalapította az igazság szabályait, amikor az emberiség művelésének tervét megalkotta az idő elején, és úgy tartja be őket, ahogy vannak. Ezért hozta a nagy áldozatot, amikor az egyetlen Fiát feláldozta, hogy megnyissa az üdvösség útját számunkra.

Ezért, nem üdvözülhetünk, és nem mehetünk a mennyországba csak úgy, hogy ezt mondjuk: "Hiszek" a szájunkkal, és templomba járunk. Az üdvösség határain belül kell hogy legyünk, amelyeket Isten állapít meg azért, hogy üdvözüljünk. Hinnünk kell Jézus Krisztusban, mint a személyes Megmentőnkben, és engedelmeskednünk kell Isten Igéjének úgy, hogy az igazság szabályai szerint élünk.

Az üdvösség kérdésén kívül számos más része van a Bibliának, amely elmagyarázza Isten szabályait. Isten mindent pontosan úgy teljesít, ahogy a spirituális birodalom törvényei előírják.

Ha megértjük ezt az igazságot, nagyon könnyű lesz számunkra, hogy a bűneinkből származó gondokat megoldjuk. Könnyebben kapunk majd áldásokat, és válaszokat is a kérdéseinkre. Például, mit kell tenned, hogyha a szíved vágyára akarsz választ kapni? A 37:4 Zsoltár ezt tartalmazza: "Gyönyörködjél az Úrban, és megadja néked szíved kéréseit." Hogy Istennek tessünk, a Kedvére kell cselekednünk. A Bibliában számos helyen olvashatunk arról: miképpen lehetünk Isten kedvére.

A Zsidó 11:6 első része ezt tartalmazza: "Hit nélkül pedig lehetetlen Istennek tetszeni." Olyan mértékben tetszhetünk Istennek, amennyire hiszünk Isten Igéjében, eldobjuk a bűnöket, és szentté válunk. Istennek kedvére tehetünk, hogyha erőfeszítéseket teszünk, és áldozatokat ajánlunk fel, mint ahogy Salamon király tette, aki ezer áldozatot ajánlott fel. Önkéntes munkát végezhetünk Isten királysága érdekében, valamint számos más módja is lehet ennek.

Meg kell hogy értsük, hogy a Biblia olvasása és az istentiszteletek meghallgatása egy módja annak, hogy az igazság szabályait megtanuljuk. Ha követjük ezeket a szabályokat, és Isten kedvére teszünk, akkor a szívünk minden vágya teljesülhet, és Istennek hálát adhatunk.

Az Isten igazság-szabályainak megfelelő viselkedés

Amióta elfogadtam az Urat, és rájöttem Isten akaratára, nagy örömömre szolgált, hogy hitbeli életet élhetek. Mivel az igazság törvényeinek megfelelően viselkedtem, Isten szeretetét élveztem, valamint anyagi áldásokat is.

Isten azt mondja, hogy megvéd minket a betegségektől és szörnyűségektől, hogyha az Ő Igéje szerint élünk. Mivel én is, meg a családtagjaim is kizárólag hitből éltünk, a családtagjaim egészségesek voltak, és nem kellett kórházba mennünk, vagy gyógyszert szednünk, amióta elfogadtam az Urat.

Mivel hittem abban, hogy Isten igazsága megengedi, hogy azt arassuk le, amit elvetettünk, élveztem azt, hogy Istennek adhatok akkor is, ha szegény életet éltem. Van, aki ezt mondja: "Olyan szegény vagyok, hogy semmim nincs, amit Istennek adhatnék." Azonban én, bár szegény voltam, annál szorgalmasabban adakoztam Istennek.

A 2 Korintusi 9:7 ezt tartalmazza: "Kiki amint eltökélte szívében, nem szomorúságból, vagy kénytelenségből; mert a jókedvű adakozót szereti az Isten." Amint mondtam, soha nem mentem üres kézzel Isten elé.

Mindig szerettem Istennek adakozni, hálával, akkor is, ha kevesem volt, és hamarosan anyagi áldásokat kaptam. Örömmel tudtam adakozni, mivel tudtam, hogy Isten jó mértéket, megnyomottat és megrázottat, színig teltet ad harmic, hatvan, százszor többet, hogyha hittel adakozom Isten királyságáért.

Ennek eredményeként visszafizetem a hatalmas adósságot, amit akkor halmoztam fel, amikor beteg voltam hét éven át, és most nagyon hálás vagyok, hogy semmiben nem szenvedek hiányt.

Ismertem Isten igazságának törvényét, aki annak adja a hatalmát, akiben nincsen gonoszság, és megszentelődik, arra igyekeztem, hogy a gonoszságot megszüntessem magamban a buzgó imával és böjtöléssel, és végül megkaptam Isten hatalmát.

Ma is látjuk Isten hatalmát megvalósulni, mert megkaptam a szeretet és igazság dimenzióját, melyet Isten szerzett meg nekem, miközben nagyon sok nehézségen és erőpróbán mentem át, türelmesen. Isten nem adta az erejét csak úgy, feltétel nélkül nekem, hanem pontosan követte az igazság törvényét, amikor nekem adta azt. Ezért az ellenséges ördög és Sátán nem tud ennek ellentmondani.

Ezenkívül, hittem és gyakoroltam a Biblia összes Igéjét, és megtapasztaltam a csodás munkákat és áldásokat, amelyeket a Bibliában írva találhatunk.

Ezek a munkák nem csak nekem történnek meg. Hogyha valaki megérti Isten igazságának a szabályait, amelyeket a Bibliában írva találhatunk, és ezeknek megfelelően cselekszik, ugyanezeket az áldásokat kapja meg, amelyeket én megkaptam.

Az igazság két oldala

Általában az emberek azt gondolják, hogy az igazság valami félelmetes dolog, amely a büntetésekbe torkollik. Természetesen, az igazságnak megfelelően félelmetes büntetések követik a bűnt és a gonoszságot, de fordítva: ez lehet a kulcs az áldások felé is.

Az igazság olyan, mint egy érem két oldala. Azok számára, akik az igazságban élnek, valami félelmetes dolog, de azoknak nem, akik a Fényben élnek, mert nekik nagyon jó. Hogyha egy betörő kezébe adunk egy konyhai kést, akkor lehet, hogy gyilkos fegyverré válik, de hogyha egy anya tartja azt, akkor egy eszköz, amely segítségével ízletes eledelt főz a családjának.

Ezért, attól függően, hogy milye személyre alkalmazzák Isten igazságát, nagyon félelmetes lehet, de igazán örömteli is. Hogyha megértjük az igazság két oldalát, megérthetjük, hogy az igazságot szeretettel lehet beteljesíteni, és Isten szeretete az igazsággal valósul meg. Az olyan szeretet, amely igazság nélkül való, nem igaz szeretet, és a szeretet nélküli igazság nem lehet igazi.

Például, mi van, hogyha megbünteted a gyermekedet, minden alkalommal, amikor rosszat cselekedett? Vagy, mi van akkor, ha soha nem bünteted meg őt? Mindkét esetben azt az eredményt kapod, hogy a gyereked tévútra kerül.

Az igazságnak megfelelően arra van szükség, hogy néha megbüntesd a gyerekedet, keményen, a rossz cselekedetei miatt, de nem lehet mindig csak az igazságot mutatni iránta. Néha esélyt kell adnod neki, és hogyha eltávolodik a viselkedésétől, akkor bocsánatot és kegyelmet kell mutatnod az irányába, szeretettel. Azonban, nem mutathatsz mindig kegyelmet és szeretetet az irányába. Arra van szükség, hogy a gyerekeidet a rendes útra elvezesd, ha szükséges, akár büntetés által is.

Isten a határtalan megbocsátásról beszél a Máté 18:22-ben: "Nem mondom néked, hogy még hétszer is, hanem még hetvenhétszer is."

Isten ugyanakkor azt mondja, hogy az igaz szeretetet a büntetés követi. A Zsidók 12:6 ezt tartalmazza: "Mert akit szeret az Úr, megdorgálja, megostoroz pedig mindent, akit fiává fogad" Ha megértjük ezt a kapcsolatot a szeretet és az igazság között, akkor azt is megértjük, hogy az igazság tökéletessé válik a szereteten belül. Hogyha továbbra is panaszkodunk az igazságról, akkor megérthetjük, hogy mélységes szeretet van az igazságban.

Az igazság magasabb dimenziói

Az igazságnak különböző dimenziói vannak a különböző egekben vagy mennyországokban. Azaz, amint egyre magasabbra jutunk a mennyország szintjeiben, az első égtől vagy mennyországtól a második mennyországig, majd a harmadik, negyedik, és a többi égig, az igazság dimenziója egyre szélesebbé és mélyebbé válik. A különböző egek megtartják a helyüket a különböző mennyországok igazsága szerint.

Azért vannak különbségek az igazság dimenziójában a különböző egekben, mert a szeretet dimenziója minden egyes égben vagy mennyországban is különbözik. A szeretet és az igazság nem választható el egymástól. Minél mélyebb a szeretet dimenziója, annál mélyebb az igazság is.

Ha olvassuk a Bibliát, úgy tűnik, hogy az Ótestamentum és az Újtestamentum igazsága különbözik egymástól. Például az Ótestamentum ezt mondja: "Szemet szemért," ami a megtorlás elve. Az Újtestamentum ezt mondja: "Szeresd ellenségedet." A megtorlás elve a megbocsátás és szeretet elvévé változott. Ez azt jelenti, hogy Isten akarata is megváltozott?

Nem erről van szó. Isten a szellem, és örökre változatlan, ezért Isten szíve és akarata mind az Ó- mind az Újtestamentumban ugyanaz, és attól függően, hogy mennyire érték el az emberek a szeretetet, ugyanaz az igazság fog érvényesülni, de különböző mértékben. Amíg Jézus eljött a földre, és beteljesítette a Törvényt szeretettel, a szeretet szintje, amelyet az emberek még megértettek, nagyon alacsony volt.

Ha azt mondták volna nekik, hogy szeressék ellenségeiket – ami egy nagyon magas szintű igazságosság - nem tudták volna megtenni, mert nem értették volna meg. Ezért az Ótestamentumban az igazság szabálya egy alacsonyabb szinten érvényesül: a szemet szemért elvén alapul azért, hogy a rendet megvalósítsák.

Azonban, miután Jézus beteljesítette a Törvényt szeretettel, azzal, hogy a földre jött, és az életét odaadta értünk, bűnösökért, az igazság szintje, amelyet Isten megkövetel az emberektől, magasabb szintre került.

Jézus példájából látjuk, hogy a szeretet egy alacsonyabb szintről magasabb magasabb szintre kerül, még az ellenségeinkkel szemben is. Ezért, a megtorlás elve, amely szerint: szemet szemért, tovább nem érvényesül. Most Isten azt kéri tőlünk, hogy olyan igazságdimenziót tegyünk magunkévá, amelyben a megbocsátás és a kegyelem szabálya érvényesül. Természetesen Isten valójában azt akarta, még az Ótestamentum idejében is, hogy megbocsátás és kegyelem legyen, de abban az időben az emberek ezt nem igazán értették meg.

Amint láttuk, ahogy különbség van a szeretet és igazság dimenziójában az Ó- és az Újtestamentumban, az igazság dimenziója különböző, attól függően, hogy milyen dimenziója van a szeretetnek mindenik égben. Például, amikor meglátta az asszonyt, akit házasságtörésen kaptak, az emberek - akik az első mennyország alacsony igazságszintjén viselkedtek - azt mondták, hogy azonnal meg kell kövezni őt. Azonban, Jézus, akinek a legmagasabb szintű igazsága volt - amely a 4. mennyország igazsága - ezt mondta neki: "Én sem kárhoztatlak: eredj el és többé ne vétkezzél!" (János 8:11).

Ezért, az igazság a szívünkben lakik, és mindenik ember különböző dimenziójú igazságot érez, attól függően, hogy mennyire valósította meg a szeretetet, és művelte a szívét a szeretetben. Néha azok, akik az igazság alacsonyabb dimenzióját bírják, nem érthetik meg azokat, akik az igazság magasabb dimenzióját birtokolják.

A húsbeli, testi emberek soha nem érthetik meg azt igazából, amit Isten tesz. Csak azok, akik szeretettel és szellemmel művelték a szívüket, tudják pontosan megérteni Isten igazságát, és tudják azt alkalmazni.

Azonban, az igazság magasabb dimenziójának alkalmazása nem jelenti azt, hogy átírja vagy megszegi azt az igazságot, ami egy alacsonyabb dimenzióban létezik. Jézus a negyedik mennyország igazságával bírt, de nem hagyta figyelmen kívül a földi igazságot. Más szóval, megmutatta a harmadik vagy magasabb mennyországok igazságát a földön, de a földi igazság határain belül. Hasonlóan: nem tudunk ellenszegülni annak az igazságnak, amely az első mennyországban létezik addig, amíg ebben az első mennyországban vagy égen élünk. Természetesen, ahogy a szeretetünk dimenziója mélyebb lesz, az igazság szélessége és mélysége szintén megnő, de az alapvető keret ugyanaz marad. Ezért fontos, hogy helyesen meg kell értenünk az igazság törvényeit.

Hit és engedelmesség – az igazság alapelvei

Tehát, mi az alapvető keret és igazságszabály, amit meg kell értenünk és követnünk kell, annak érdekében, hogy az imáink válaszra találjanak? Nagyon sok van, beleértve például a jóságot és az alázatosságot, azonban a két alapérték a hit és engedelmesség. Az igazság szabálya az, hogy akkor kapunk választ, hogyha elhisszük Isten Igéjét, és engedelmeskedünk neki.

Máté 8. fejezetében a centúriónak volt egy beteg szolgálója. Az uralkodó Római Birodalom centuriója volt, de alázatos volt eléggé ahhoz, hogy Jézus elé járuljon. Nagyon jó szíve volt, annyira, hogy személyesen jött Jézus elé a beteg szolgálója érdekében. Az ok, amiért válasz kapott, elsősorban az volt, hogy hit. Mielőtt eldöntötte, hogy Jézus elé megy, sok mindent kellett hallania Jézusról a körülötte élő emberektől. Biztosan hallotta, hogy a vakok láttak, a némák beszéltek, és nagyon sok beteg ember meggyógyult Jézus által.

Ezeket a híreket el hallva, a centúrió Jézus elé jött, mert hitte, hogy a szíve vágya, a szolgálója meggyógyulása, megtörténhet, ha Jézus elé megy.

Amikor valóban találkozott Jézussal, megvallotta a hitét, ezt mondva: "Uram, nem vagyok méltó, hogy az én hajlékomba jőjj; hanem csak szólj egy szót, és meggyógyul az én szolgám." (Máté 8:8). Azért tudta ezt mondani, mert teljesen hitt Jézusban, amikor hallotta a híreket róla.

Annak érdekében, hogy ilyen hitünk legyen, meg kell hogy valljuk, hogy nem engedelmeskedtünk Isten Igéjének. Ha Istennek csalódástól okoztunk, bármilyen ügyben, ha nem tartottunk be egy ígéretet, melyet Isten előtt tettünk, vagy nem tartottuk meg az Úr napját szenteltnek, vagy nem adakoztunk a tized által, akkor mindezt meg kell hogy valljuk.

Szintén meg kell hogy valljuk, hogy szerettük a világot, nem voltunk békében az emberekkel, mindenféle gonoszságot elkövettünk, mint a düh, irritáltság, frusztráció, sértettség irigység, féltékenység, vita és hamisság. Amikor ezeket a bűnfalakat lebontjuk, és Isten egyik hatalmas szolgálójának meghalljuk az imáját, akkor megkapjuk a hitet, hogy válaszokat kapjunk. Valójában megkaphatjuk őket, mert hittünk, az igazság törvényeinek megfelelően.

Ráadásul, sok más olyan dolog is van, amelyeknek engedelmeskedni kell, és amelyeket követnünk kell azért, hogy válaszokat kapjunk. Például az istentiszteletekre való járás, a szüntelen ima, és az Istennek való adakozás. Annak érdekében, hogy teljesen engedelmeskedjünk, magunkat teljesen meg kell hogy tagadjuk.

Azaz, meg kell hogy szüntessük a büszkeségünket, arroganciánkat, önhittségünket és magabiztosságunkat, a gondolatainkat és elméleteinket, a büszkeségünket, és azt a vágyunkat, hogy a világi dolgokra támaszkodjunk. Teljesen megalázhatjuk és megtagadhatjuk magunkat, és ily módon megkaphatjuk a válaszokat, az igazság törvényének megfelelően, amely írva van a Lukács 17:33-ban, amely ezt mondja: "Valaki igyekezik az ő életét megtartani, elveszti azt, és valaki elveszti azt, megeleveníti azt."

Megérteni Isten igazságát, és engedelmeskedni neki azt jelenti, hogy elismerjük Istent. Mivel elismerjük Istent, tudjuk követni a szabályokat, amelyeket Ő állapított meg. Elismerni Istent azt jelenti, hogy hitünk van, és az igaz hitet mindig az engedelmesség cselekedetei követik.

Ha rájössz a bűneidre, miközben magadon gondolkozol Isten Igéje szerint, akkor bűnbánatot kell tartanod, és el kell fordulnod a dolgaidtól. Remélem, hogy teljesen bízol Istenben, és rájössz Isten törvényeinek igazságára, egyenként, és gyakorlod őket úgy, hogy válaszokat és áldásokat kapsz Istentől, aki megengedi, hogy learassuk azt, amit elvetettünk, és a cselekedeteink szerint fizet vissza minket.

Jane Mpologoma hercegnő (London, Egyesült Királyság)

A világ másik feléről

Birminghamben élek. Nagyon szép hely. Buganda királysága elnökének a lánya vagyok, a férjem egy kedves, gyöngéd ember az Egyesült Királyságból, és három lányom van.
Sok ember szeretné ezt az gazdag életet, de én nem voltam már boldog. Mindig szomjúságot éreztem a lelkemben, amelyet semmivel sem tudtam kielégíteni. Hosszú időn át emésztőrendszeri problémáim voltak, melyek rendkívüli fájdalommal jártak. Nem tudtam enni vagy aludni. Sok betegség kínozott, beleértve a magas koleszterinszintet, szívbetegséget, és az alacsony vérnyomást. Az orvosok figyelmeztettek, hogy szívinfarktust vagy agyvérzést kaphatok.
Azonban 2005. augusztusban az életem megfordult. A véletlen folytán találkoztam a Manmin Központi Templom egyik segédlelkészével, aki Londonban volt. Könyveket adott nekem, és az istentiszteletek hangfelvételeit, amelyek nagyon mélyen

A férjével, Dáviddal

megérintettek.
A Biblián alapultak, azonban ilyen mély és inspiráló üzeneteket sehol máshol nem hallottam korábban. A szomjazó lelkem kielégült, kinyílt a spirituális szemem, hogy megértsem az Igét.
Végül meglátogattam Dél-Koreát. Abban a pillanatban, amikor a Manmin Központi Templomba beléptem, az egész testemet béke vonta be. Meghallgattam Rev. Jaerock Lee lelkész imáját. Miután visszajöttem az Egyesült Királyságba, rájöttem Isten nagyszerű szeretetére. Október 21-én endoszkópos vizsgálaton vettem részt, amelynek az eredménye normális lett, a koleszterinszintem és a vérnyomásom is jó értékeket mutatott. Ez az ima hatalmának tudható be.
Ez a tapasztalat lehetővé tette számomra, hogy a hitben növekedjek. A szívemmel gond volt, és írtam Dr. Jaerock Lee tiszteletesnek, hogy imádkozzon értem. A péntek éjjeli istentisztelet alatt imádkozott értem a Manmin Központi Templomban, november 11-én. A világ másik feléről hallgattam az imáját az interneten. Így imádkozott: "Jézus Krisztus nevében parancsolom, hogy a szívbetegség megszűnjön. Isten Atyám, gyógyítsd meg őt!"
Éreztem a Szentlélek erős munkáját, amint meghallottam az imát. Ha a férjem nem tartott volna meg, akkor leestem volna a nagy erőtől. 30 másodperces eszméletvesztés után tértem magamhoz.
November tizenhatodikán szívvizsgálaton jelentem meg. Az orvosom

azért javasolta, mert az egyik szívkoszorúeremben problémák voltak. Egy kis kamerát rögzítettek egy kis csőre, és az eredmény igazán csodálatos volt.

Az orvos azt mondta: "Ilyen egészséges szívet sok éve nem láttam ebben a szobában."

Az egész testemen átfutott az örömteli bizsergés, mert éreztem Isten kezét az orvosom szavaiban. Azóta eldöntöttem, hogy más életet élek, keresem a kapcsolatot a tinédzserekkell, az elhanyagoltakkal, és bárkinek segítek, akinek szüksége van az evangéliumra.

Isten lehetővé tette, hogy az álmom beteljesüljön. A férjem és én megalapítottuk a London Manmin Központi Templomot, mint misszionáriusok, és hirdetjük az élő Istent.

Kivonat a Rendkívüli dolgokból

Engedelmesség

> Isten Igéjének engedelmeskedni "Igennel" és "Nemmel"
> a rövid út Isten munkáinak megtapasztalása felé.

Jézus tökéletes engedelmessége

Jézus engedelmeskedett az első mennyország igazságának

Emberek, akik megtapasztalják Isten munkáit az engedelmességük által

Az engedelmesség a hit bizonyítéka

A Manmin Központi Egyház elöl jár a világ engedelmességben történő evangelizációjában

"És mikor olyan állapotban találtatott mint ember, megalázta magát, engedelmes lévén halálig, még pedig a keresztfának haláláig."

(Filippi 2:8)

A Bibliában számos olyan eseményt találunk, ahol a teljesen lehetetlen dolgok lehetővé válnak Isten, a Mindenható által. A nap és a hold megállt, a tenger kettévált, és az emberek a szárazföldön átmentek rajta - mindezek csodás jelek voltak. Az ilyen dolgok nem történnek meg az első ég igazsága szerint, azonban lehetségesek a harmadik és az ennél fentebbi egek vagy mennyországok igazsága szerint.

Annak érdekében, hogy Isten ilyen munkáit megtapasztaljuk, meg kell hogy feleljünk a feltételeknek. Számos feltétele van ennek, és ezek között az engedelmesség nagyon fontos. Isten Igéjének engedelmeskedni "igennel" és "nemmel" a rövid útja annak, hogy megtapasztaljuk Isten munkáját.

Az 1 Sámuel 15:22 ezt tartalmazza: "Sámuel pedig monda: Vajjon kedvesebb-é az Úr előtt az égő- és véres áldozat, mint az Úr szava iránt való engedelmesség? Ímé, jobb az engedelmesség a véres áldozatnál és a szófogadás a kosok kövérénél!"

Jézus tökéletes engedelmessége

Jézus engedelmeskedett Isten akaratának, egészen addig, amíg keresztre feszítették azért, hogy megszabadítsa az embereket, akik bűnösök voltak. Hittel üdvözölhetünk, olyan engedelmességgel, amilyen Jézusé volt. Annak érdekében, hogy megértsük: hogyan tudunk üdvözülni, Jézusba vetett hitünk kell hogy legyen. Először arra kell gondolnunk, hogyan jutott az emberiség a halál útjára.

Mielőtt bűnössé vált volna, Ádám élvezhette volna az örök életet az Édenkertben. Azonban, mivel bűnözött azzal, hogy evett annak a fának a gyümölcséről, amelyet Isten megtiltott neki, a spirituális birodalom törvénye szerint - mely azt mondja, hogy a bűn zsoldja a halál (Róma 6:23), meg kellett halnia, és a pokolba kellett hullania.

Azonban, tudva, hogy Ádám engedetlen lesz, még az idő kezdete előtt Isten előkészítette Jézus Krisztust azért, hogy majd megnyissa az üdvösség útját, Isten igazsága szerint. Jézus, aki a megtestesült Ige, emberi testben született erre a földre.

Mivel Isten próféciákat mondott a Megmentőről, a Messiásról, az ellenséges ördög és Sátán is tudtak a Megmentőről. Az ördög állandóan kereste a lehetőséget, hogy megölje a Megmentőt. Amikor a három mágus azt mondta, hogy Jézusnak meg kell születni, az ellenséges ördög felbujtotta Heródes királyt, hogy öljön meg minden fiú újszülött csecsemőt két éves kor alatt.

Az ördög felbujtotta a gonosz embereket, hogy feszítsék keresztre Jézust. Azt gondolta, hogy csak úgy megölheti Jézust - aki azért jött a földre, hogy a Megmentővé válon - és utána elvezetheti a bűnösöket a pokolba, és örökre uralkodhat fölöttük.

Mivel Jézusban nem volt eredeti bűn, és saját bűnöket sem követett el, ezért az igazság szerint nem kellett volna meghalnia. Az igazság azt mondja, hogy a bűn zsoldja a halál, azonban az ördög valójában a Jézus ellen elkövetett gyilkosság vezetője volt, ezért megszegte az igazság törvényét.

Ennek eredményeképpen a bűntelen Jézus legyőzte a halált és feltámadt, így most bárki, aki hisz Jézus Krisztusban, üdvösséget nyerhet, és örök életet nyerhet. Először, az igazság törvényének megfelelően, amely szerint a bűn zsoldja a halál, Ádám és a leszármazottjai sorsa az lett volna, hogy a halál útjára térnek. Később megnyílt az üdvösséget kapuja Jézus Krisztus által. Ez a titok, melyet az idők előtt elrejtettek, amelyről az 1 Korintusi 2:7 beszél.

Jézus soha nem gondolta azt: "Miért ölnek meg engem, annak ellenére, hogy bűntelen vagyok?" Saját akarata szerint magára vette a keresztet, hogy keresztre feszítsék Isten gondviselése szerint. Jézus alapos és teljes engedelmessége megnyitotta az utat az üdvösségünk felé.

Jézus az első ég igazságának engedelmeskedett

A teljes élete során a földön, Jézus tökéletesen engedelmeskedett Isten akaratának, és az első mennyország igazságának megfelelően élt. Annak ellenére, hogy Isten volt a természete szerint, emberi testet öltött, és megtapasztalta az éhezést, fáradtságot, fájdalmat, szomorúságot és a magányosságot, csakúgy, mint az emberek.

Mielőtt elkezdte a nyilvános szolgálatát, 40 napig böjtölt. Bár Ő mindennek irányítója, buzgón felkiáltott az imájában, és szünet nélkül imádkozott. Az ördög háromszor próbára tette a negyvennapos böjtje végén, de Isten Igéjével Jézus elűzte az ördögöt, anélkül, hogy megkísértette volna, vagy meginogott volna egyáltalán.

Jézus rendelkezik Isten erejével, ezért bármilyen csodálatos dolgot be tudod mutatni. Mégis: csak akkor mutatta be ezeket a csodákat, amikor Isten gondviselése szerint szükségesnek tartotta. Isten fiának a hatalmát mutatta az olyan eseményekkel, mint a víz borrá változtatása, vagy amikor 5000 embert táplált öt kenyérből és két halból.

Hat vágyott volna rá, akkor tönkre tette volna azokat, akik kigúnyolták Őt, illetve keresztre feszítették. Azonban, csöndben fogadta az üldözést és a megvetést, engedelmességgel, míg végül keresztre feszítették. Úgy élte meg a szenvedést és a fájdalmat, mint bármelyik ember, amikor a vérét és a testnedveit kiontotta.

A Zsidó 5:8-9 ezt tartalmazza: "Ámbár Fiú, megtanulta azokból, amiket szenvedett, az engedelmességet; És tökéletességre jutván, örök idvesség szerzője lett mindazokra nézve, akik neki engedelmeskednek."

Mivel Jézus az igazság törvényét a teljes engedelmességével betöltötte, bárki, aki elfogadja az Úr Jézust, és az igazságnak megfelelően él, az igazság szolgálójává válhat, és elérheti az üdvösséget, anélkül, hogy a halál útjára kellene térnie a bűn szolgálójaként (Róma 6:16).

Azok az emberek, akik megtapasztalják Isten munkáját az engedelmességük által

A tökéletes engedelmesség által Isten Fia, Jézus beteljesítette Isten gondviselését. Akkor: mi, egyszerű teremtmények, mennyivel jobban kell hogy engedelmeskedjünk, hogy megtapasztaljuk Isten munkáját? A teljes engedelmességünkre van szükség.

A János második fejezetében Jézus egy csodálatos dolgot hajtott végre azzal, hogy a vizet borrá változtatta. Amikor egy lakodalomban elfogyott a bor, Szűz Mária arra utasította a szolgálókat, hogy mindent tegyenek meg, amit mond nekik Jézus. Jézus azt mondta nekik, hogy töltsék meg a vizesedényeket, aztán vigyék őket a lakodalom házigazdájához. Amikor a házigazda megkóstolta a vizet, már jó borrá változott.

Ha a szolgák nem engedelmeskedtek volna Jézusnak, nem vitték volna a vizet az urukhoz, nem tapasztalhatták volna meg a bor csodáját. Mivel nagyon jól ismerte az engedelmesség és igazságosság törvényét, Szűz Mária azt kérte, hogy a szolgák engedelmeskedjenek Neki.

Megnézhetjük Péter engedelmességét is. Egész éjjel nem fogott halat, de amikor Jézus azt mondta: "Mikor pedig megszünt beszélni, monda Simonnak: Evezz a mélyre, és vessétek ki hálóitokat fogásra." Péter ezt mondta: " És felelvén Simon, monda néki: Mester, jóllehet az egész éjszaka fáradtunk, még sem fogtunk semmit: mindazáltal a te parancsolatodra levetem a hálót. És ezt megtévén, halaknak nagy sokaságát keríték be; szakadoz vala pedig az ő hálójuk." Ekkor egy nagy adag halat fogtak ki, akkorát, hogy majdnem elszakadt a hálójuk (Lukács 5:4-6).

Mivel Jézus, aki egy Istennel, a Teremtővel, megszólalt az eredeti hangon, számtalan hal engedelmeskedett a parancsának, és a hálóba ment. Azonban, ha Péter nem engedelmeskedett volna Jézus parancsának, mi történt volna? Ha azt mondta volna: "Uram, többet tudok a halászatról, mint Ön. Egész nap próbáltunk halat fogni, de most nagyon fáradtak vagyunk. Mára befejeztük. Nagyon fárasztó lenne ismét kidobni a hálót." A csoda soha nem történt volna meg.

Egy özvegy Sareptában, az 1 Királyok 17. fejezetének tanúsága szerint, szintén megtapasztalta Isten munkáját az engedelmessége által. Egy nagy szárazság után kevés volt az étele, és csak egy maréknyi lisztje és egy kevés olaja maradt. Egy nap Illés eljött hozzá, és ételt kért tőle. Ezt mondta: "Mert azt mondja az Úr, Izráel Istene, hogy sem a vékabeli liszt el nem fogy, sem a korsóbeli olaj meg nem kevesül addig, míg az Úr esőt ád a földnek színére." (1 Királyok 17:14).

Az özvegy és a fia meghalt volna az éhségtől, azonban hittek Istenben, és engedelmeskedtek Isten Igéjének, amit Illés tolmácsolt nekik. A megmaradt ételüket Illésnek adták. Isten csodát tett ezzel az engedelmes asszonnyal, ahogy megígérte. A tálnyi liszt és az olaj nem fogyott el a szárazság végéig. Az özvegy, a fia és Illés üdvösséget nyert.

Az engedelmesség a hitnek a bizonyítéka

A Márk 9:23 ezt tartalmazza: "Jézus pedig monda néki: Ha hiheted azt, minden lehetséges a hívőnek." Ez az igazság törvénye, amely azt mondja, hogy ha hiszünk, megtapasztalhatjuk a Mindenható Isten munkáját. Ha hittel imádkozunk, akkor a betegség elmúlik, és hogyha hittel parancsoljuk, a démonok elmenekülnek, és az összes nehézség és nélkülözés elmúlik. Ha hittel imádkozunk, akkor anyagi áldásokban lesz részünk. Minden lehetséges a hittel!

Az engedelmesség tettével bizonyítjuk, hogy van hitünk, amellyel válaszokat kaphatunk, az igazság törvénye szerint. A Jakab 2:22 ezt tartalmazza: "Látod, hogy a hit együtt munkálkodott az ő cselekedeteivel, és a cselekedetekből lett teljessé a hit," és a Jakab 2:26 meg ezt mondja: "Mert amiképpen holt a test lélek nélkül, akképpen holt a hit is cselekedetek nélkül."

Illés megkérte a sareptai özvegyet, hogy a maradék ételét adja neki. Hogyha ezt mondta volna: "Hiszem, hogy Isten embere vagy, és hiszem, hogy Isten megáld engem és az ételemet, mely soha nem fogy el," de nem engedelmeskedett volna, akkor nem tapasztalta volna meg Isten munkáját. Ez azért van, mert a cselekedetei nem mutatták volna a hitének a bizonyítékát.

Azonban, az özvegy hitt Illés szavaiban. A hite bizonyítékaként, odaadta neki a maradék ételét, engedelmeskedve a szavainak. Az engedelmességének cselekedete bizonyította a hitét, és csoda történt, az igazság törvénye szerint, mely azt mondja: minden lehetséges annak, aki hisz.

Annak érdekében, hogy Isten látomásokat küldjön nekünk, a hitünk és az engedelmesség nagyon fontos. A hit ősatyái, mint Ábrahám, Jakab és József, Isten Igéjét a fejükben tartották, és engedelmeskedtek.

Amikor József fiatal volt, Isten álmot küldött neki, amely szerint megbecsült emberré válik. József nem hitt az álomnak, de állandóan emlékezett rá, és addig nem állt el tőle, amíg meg nem valósította. Isten munkájára felnézett, minden körülményben, és Isten utasítását fogadta és követte.

Tizenhárom évig rabszolga és rab volt, de nem kételkedett az álomban, melyet Isten küldött neki, annak ellenére, hogy a valóság az álmának az ellenkezőjét mutatta. A rendes úton járt, betartva Isten parancsolatait. Isten látta a hitét és engedelmességét, és teljesítette az álmát. A megpróbáltatásainak vége lett, és harminc éves korában a második leghatalmasabb ember lett az egész országban, Egyiptomban, a fáraó, vagyis a király mellett.

A Manmin Központi Egyház a világ evangelizációjának élén van, engedelmességgel

A Manmin Központi Egyháznak több mint tízezer helyi közössége vagy szövetséges alegyháza van világszinten, és az evangéliumot hirdeti a világ minden táján, az interneten, a műholdas csatornákon és más médiákon. Az engedelmesség cselekedeteit mutatjuk, az igazság törvénye szerint, az elejétől fogva, minden egyes szolgálattevőnk által.

Attól a pillanattól kezdve, hogy találkoztam az élő Istennel, az összes betegségem meggyógyult, és az lett a vágyam, hogy egy jó lelkész legyek Isten színe előtt, aki Istent dicsőíti, és sok szegény emberen segít. Azonban, egy nap Isten elhívott szolgálójaként, ezt mondva: "Kiválasztottalak téged szolgálóként, még az idő előtt." Azt mondta, hogy ha fölkészítem magam Isten Igéjével három évig, akkor átmegyek az óceánon, folyókon és hegyeken, és csodálatos jeleket fogok mutatni, bármerre megyek.

Valójában viszonylag új hívő voltam még mindig, befele fordultam, és tömeg előtt nem tudtam megfelelően beszélni. Azonban, engedelmeskedtem, kifogás nélkül, és Isten szolgája lettem. A legjobb tudásom szerint igyekeztem Isten Igéje szerint járni, amely a Biblia 66 könyvében található, és böjtöltem és imádkoztam, a Szentlélek utasítása szerint. Úgy engedelmeskedtem, ahogy Isten parancsolta.

Amikor hatalmas méretű tengerentúli missziókon voltam, nem terveztem el ezeket, és nem készültem rájuk, hanem csak Isten Igéjének engedelmeskedtem. Csak oda mentem, ahová parancsolta, hogy menjek. A hatalmas méretű missziókért éveken át kell általában készülni, de ha Isten parancsolta, akkor néhány hónap alatt felkészültünk rájuk.

Annak ellenére, hogy nem volt pénzünk arra, hogy ilyen mega méretű missziókat tartsunk, ha imádkoztunk, akkor Isten minden alkalommal segített a pénzügyekben. Néha Isten azt parancsolta, hogy olyan országokba menjek, ahol az evangéliumot nem is lett volna szabad hirdetni.

2002-ben, amikor egy missziót készítettünk elő, mely Chennaiban, Indiában volt, a Tamil Nadu kormány bejelentette az új törvényt, amely megtiltja az erőltetett megtéréseket. A szabályzat azt mondta, hogy senkinek nem szabad megkísérelnie megtéríteni senkit egyik vallásról a másikra erőszakkal vagy kedveskedéssel, vagy bármilyen szabályellenes eszközzel. A megtérést kierőltető erőszakos cselekmény öt évig terjedő börtönbüntetéssel és pénzbeli bírsággal jár, és hogyha a megtért egy "gyerek, nő, vagy egy olyan személy, aki egy nyilvántartott kasztnak vagy nyilvántartott törzsnek a tagja." A pénzbírság százezer indiai pénzegységnek, vagy rúpiának felel meg, amely kétezer munkanapnak a munkadíját jelenti.

A Marina Beach-i misszió nemcsak indiai keresztényeket, hanem hindukat is megcélozott, akik több, mint nyolcvan százalékát jelentik a teljes népességnek.

Az erőltetett megtérést tiltó törvény törvénybe lépett a missziónk első napján. Amikor az evangéliumot hirdettem a misszió színpadán, úgy éreztem, hogy akár készen állok a börtönre. Voltak, akik azt mondták, hogy a Tamil Nadu-féle rendőrség eljön, és részt vesz a missziónkon, hogy felvegye a prédikációmat. Ebben az ijesztő helyzetben az indiai lelkészek és a szervezőbizottság feszült és megfélemlített volt. Azonban, összeszedtem bátorságomat, és engedelmeskedtem Istennek, mivel Isten ezt parancsolta. Nem féltem, hogy letartóztatnak, vagy börtönbe megyek, és bátran hirdettem az Istent, az Alkotót és a Megmentőt, Jézus Krisztust.

Aztán, Isten nagyszerű csodákat hajtott végre. Miközben prédikáltam, ezt mondtam: "Ha van a szívedben hit, állj fel, és járj." Abban a pillanatban egy fiú felállt, és járt. Mielőtt a misszióra eljött, a fiúnak a medencéjét és a csípőizületét felvágták egy műtét keretében, és egy fémlappal kapcsolták össze a két testrészét. Rendkívüli fájdalomtól szenvedett a műtét után, és nem tudott járni, egyetlen lépést sem a botjai nélkül. Amikor ezt mondtam: "Állj fel és járj," azonnal eldobta a botjait, és elkezdett járni.

Azon a napon a tinédzser fiúval történt csodán kívül számos más csodálatos munka is mutatta Isten hatalmát. A vakok láttak, a süketek hallottak, és a némák beszéltek. Felálltak a kerekesszékből, és eldobták a botjaikat. A hír gyorsan elterjedt a városban, és sokkal több ember gyűlt össze a következő napon.

Összesen három millió ember vett részt az összejöveteleken, és ami még csodálatosabb: több mint hatvan százalékuk hindu volt. A homlokukon hindu jeleket viseltek. Miután meghallgatták az üzenetemet, és megtapasztalták Isten hatalmas munkáját, lemosták a hindu jeleket, és eldöntötték, hogy keresztényekké válnak.

A misszió a helyi keresztényeket is odavonzotta, és végül az erőltetett megtérés elleni törvényt bevonták. Csak az Isten Igéjének való engedelmességgel tudtuk ezt a nagyszerű munkát végrehajtani. Annak érdekében, hogy Isten ilyen csodálatos munkáit megtapasztaljuk, mit kell tennünk, és minek kell engedelmeskednünk?

Először: engedelmeskedni a Biblia hatvanhat könyvének.

Nem csak akkor kell engedelmeskedni a Biblia hatvanhat könyvének, amikor Isten Maga jelenik meg előttünk, és mond valamit nekünk. A Biblia hatvanhat könyvében található Igék mindenikének állandóan engedelmeskedni kell. Meg kell értenünk Isten Igéjét, és engedelmeskednünk kell Neki a Biblia által. Ekkor tudunk engedelmeskedni azoknak az üzeneteknek, amelyek elhangzanak a templomban. Azaz, azoknak a szavaknak, amelyek elmondják, hogy mit tegyünk, mit ne tegyünk, mit tartsunk meg, vagy mit küszöbölhetünk ki. Mert ezek az Isten igazságának a törvényei, és ezért, be kell hogy tartsuk őket. Például arról hallasz, hogy meg kell vallanod a bűneidet, és könnyezel, miközben ezt hallod. A törvény azt mondja, hogy csak akkor kaphatunk válaszokat Istentől, hogyha a bűnfalat, mely köztünk és Isten között áll, leromboljuk (Ézsaiás 59:1-2). Azt is halljuk, hogy hangosan kell imádkozni. A törvény szerint ez az ima válaszokat hoz le fentről, és azt diktálja, hogy a verejtékünk és izzadságunk gyümölcsét megegyük (Lukács 22:44).

Annak érdekében, hogy találkozzunk Istennel, és válaszokat kapjunk Tőle, először meg kell hogy bánjunk a bűneinket, és hangosan kell imádkozzunk, Istent arra kérve, hogy megadja, amire szükségünk van. Hogyha a bűnfalat leromboljuk, és teljes erőből imádkozunk, valamint a hit cselekedeteit cselekedjük, találkozhatunk Istennel, és válaszokat kaphatunk. Ez az igazság egyik törvénye.

Másodszor: hinnünk kell, és Isten szolgáinak szavait el kell hogy higgyük, mert Isten velük van.

Közvetlenül az után, hogy megnyitottam a templomunkat, egy rákos beteget hoztak egy hordágyon a templomba, hogy részt vegyen az istentiszteleten. Azt mondtam, hogy üljön fel, és vegyen részt a misén. A felesége hátulról támogatta őt, de alig tudott ülni az istentiszteleten. Honnan tudtam volna, hogy ilyen nehéz ülnie, hisz nagyon beteg volt, olyannyira, hogy hordágyon kellett hozni őt? A Szentlélek inspirációjára ezt a tanácsot adtam neki, és ő engedelmeskedett.

Látva az engedelmességét, Isten azonnal megajándékozta őt az isteni gyógyulással, azaz: a fájdalma megszűnt, és fel tudott állni, valamint tudott egyedül járni.

Ahogy Sarepta egyik özvegye engedelmeskedett Illés szavainak úgy, hogy hitt Isten emberének, az engedelmessége lett a módja, hogy Isten válaszoljon neki. Saját hite szerint nem tudott volna meggyógyulni, azonban megtapasztalta Isten gyógyító erejét, mert hitt Isten egyik emberének a szavában, aki bemutatta Isten hatalmát.

Harmadszor: engedelmeskedni kell a Szentlélek munkájának.

Következőleg: annak érdekében, hogy válaszokat kapjunk Istentől, követnünk kell a Szentlélek hangját ima közben, és amikor az istentiszteleteket hallgatjuk. A bennünk lakó Szentlélek elvezet az áldások és a válaszok útjára az igazság törvénye szerint.

Például, egy istentisztelettel alatt, hogyha a Szentlélek arra biztat, hogy tovább imádkozzál mise után, akkor engedelmeskedned kell. Hogyha engedelmeskedsz, lehet, hogy képes leszel megbánni a bűneidet, amelyeket nem bocsátottak meg hosszú idő óta, vagy megkapod a nyelveken való beszéd ajándékát. Istentől néha az áldások ima közben jönnek.

Amikor új hívő voltam, akkor nagyon keményen kellett dolgoznom az építkezési vállalatoknál, hogy meg tudjak élni. Olyan fáradt testtel mentem haza, de gyalogoltam, hogy a buszjegy árát megtakarítsam. Azonban, ha a Szentlélek meghatotta a szívemet, hogy adakozzak a templom építésére vagy hálából, akkor engedelmeskedtem.

Gondolkodás nélkül adakoztam. Ha nem volt pénzem, megfogadtam, hogy egy bizonyos dátumra adakozok majd Istennek. Megszereztem a pénzt nagy erőfeszítések árán a kijelölt dátumra, és felajánlottam Istennek a pénzt. Mivel engedelmeskedtem, Isten egyre jobban megáldott azokkal a dolgokkal, amelyeket számomra előkészített.

Isten látja az engedelmességünket, és megnyitja az utat a válaszok és áldások felé. Nekem személyesen számtalan választ küldött, és kisebb és nagyobb dolgokban válaszolt nekem. Nem csak anyagilag áldott meg, hanem bármit megadott, amit kértem, ha hittel engedelmeskedtem Neki.

A 2 Korintusi 1:19-20 ezt tartalmazza: "Mert az Isten Fia Jézus Krisztus, akit köztetek mi hirdettünk, én és Silvánus és Timótheus, nem volt igen és nem, hanem az igen lett ő benne. Mert Istennek valamennyi igérete ő benne lett igenné és ő benne lett Ámenné az Isten dicsőségére mi általunk."

Annak érdekében, hogy megtapasztaljuk Isten munkáját, az igazság törvényének megfelelően, a hit cselekedeteit kell felmutatnunk a munkánk és engedelmességünk által. Ahogy Jézus példát mutatott, ha engedelmeskedünk, függetlenül a körülményektől vagy a feltételektől, akkor Isten munkája feltárul előttünk. Remélem, mindannyian engedelmeskedtek Isten Igéjének igennel és "ámennel," és megtapasztaljátok Isten munkájának a mindennapi életetekben.

Dr. Paul Ravindran Ponraj (Csennai, India)
**Vezető tisztségviselő, szív- és mellkassebészet, Southampton Általános Kórház, UK
- Hivatalvezető, szív- és mellkassebészet St. Georges Kórház, London, Nagy-Britannia
- Hivatalvezető, szív- és mellkassebészet, Harefield Hospital, Middlesex, Nagy-Britannia
- Szív- és mellkassebész, Willingdon Kórház, Csennai**

Isten hatalma az orvostudományon túl

Magammal hordoztam egy felkent zsebkendőt, és láttam számos beteget meggyógyulni tőle. Állandóan az ingem zsebében tartom a zsebkendőt, amikor a műtőszobában vagyok, és műtétet végzek. Szeretnék beszámolni egy csodáról, amely 2005-ben történt.

Egy negyvenkét éves fiatalember, akinek a szakmája építészeti vállalkozás volt, és Tamil Nadu állam egyik városából származott, hozzám jött szívkoszorúér betegséggel, amelyet műteni kellett. Pontosabban: koszorúér bypass műtétnek kellett alávetni őt. Előkészítettem a műtétre, és megműtöttem. Egy nagyon egyszerű bypass műtét volt, amelyet úgy hajtottunk végre, hogy közben a szíve működött.

Két és fél órát tartott a műtét, de amikor a mellkasát visszazártuk, az állapota bizonytalanná vált, és az EKG értékei abnormálissá váltak, valamint a vérnyomása leesett. Újra felnyitottam a mellkasát, és láttam, hogy a beépített bypass tökéletesen működött. Elvittük a katéter laboratóriumba, hogy angiogram vizsgálatnak vessük alá. Azt találtuk hogy a szívén átmenő vérerek és a nagy ütőerei lábában begörcsöltek, és nem folyt rajtuk át a vér. Ennek az okát a mai napig nem tudjuk.

Nem sok reménye maradt a fiatalembernek az életre. Visszavittük a műtőbe, ahol szív- és mellkasmasszázst alkalmaztunk rajta. Több mint húsz percen át masszíroztuk a szívét, végül rá kellett kapcsolni egy szív- és lélegeztető gépre.

Különböző értágító gyógyszereket adtunk neki, hogy a görcsöket megszüntessük, de nem válaszolt rájuk. A vérnyomása 25-30 Hgmm-es volt hét órán át, és tudtam, hogy a vér és az oxigén áramlása ennél a vérnyomásnál nem elégséges az agyának a működéséhez.

Tizonnyolc órás küzdelem és hét órányi szívpumpálás után, bármilyen pozitív eredmény nélkül, eldöntöttük, hogy visszazárjuk a mellkasát, és halottnak nyilvánítjuk a beteget. Letérdeltem, és így imádkoztam: "Istenem, hogyha ez az, amit akarsz, akkor legyen meg a Te akaratod." A műtét előtt is imádkoztam, és végig velem volt, a zsebemben, a felkent zsebkendő, amelyet dr. Jaerock Leetől kaptam. Eszembe jutott, hogy a Cselekedetek 19:12 mit tartalmaz. Felálltam

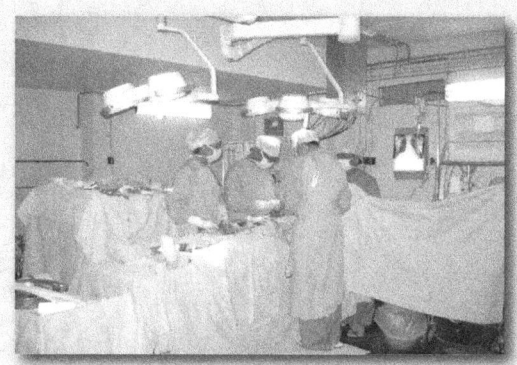

Dr. Paul Ponraj műtét közben (középen)

az imám végén, a műtőbe mentem, a beteg mellkasát visszazártam, és halottnak nyilvánítottam őt.

Aztán hirtelen változás következett be, és a beteg teljesen normálissá vált, az EKG-ja teljesen normális értékeket mutatott. A teljes csapat sokkban volt, és az egyik tag, aki hitetlen volt, azt mondta, hogy az Isten, akiben hittem, megtisztelt engem. Igen, igaz, hogy amikor hitben sétálsz, akkor csoda közepén találod magad, és a tragédia végén. A fiatalember kisétált a kórházból, egyetlen neurológiai gond nélkül, csupán a jobb lábán volt egy kis dagadt rész. Egy imaösszejövetelen tanúsította, hogy Isten munkáját fogja végezni, mivel másodszor is élethez jutott.

Kivonat a Rendkívüli dolgokból

Hatodik fejezet: Hit

> Ha teljesen biztosak vagyunk a hitben,
> Isten hatalmát le tudjuk hozni,
> még a látszólag lehetetlen helyzetekben is.

Egy őszinte szív, és teljes biztonság a hitben

A hit és az őszinteség kapcsolata

Teljes hitbeli biztonsággal kérj

Ábrahám szíve őszinte volt, és teljes biztonsága volt a hitben

Őszinte szívvel bírni, és teljes hitbeli biztonságban élni

A hit megpróbáltatásai

A pakisztáni misszió

*"Járuljunk hozzá igaz szívvel, hitnek teljességével, mint akiknek szívök tiszta a gonosz lelkiismerettől,
És testök meg van mosva tiszta vízzel ...."*

(Zsidó 10:22)

Az emberek különböző mértékben kapnak válaszokat Istentől. Vannak, akik egyetlen ima, vagy egyetlen szívbéli kívánság után kapnak válaszokat, míg mások számos napig kell hogy imádkozzanak és böjtöljenek. Vannak emberek, akik jeleket és csodákat tudnak felmutatni, és a sötétség erőit uralják, és meggyógyítják a betegeket a hitbeli imájukkal (Márk 16:17-18).

Ezzel ellentétben, vannak olyan emberek, akik azt állítják, hogy hittel imádkoznak, de semmilyen csoda nem követi az imáikat. Ha valaki betegségtől szenved, annak ellenére, hogy hisz Istenben, és imádkozik, akkor gondolkodnia kell a hitéről. A Biblia szavai az igazságot tükrözik, amely soha nem változik meg. Ha valaki olyan hittel bír, amelyet Isten elismer, bármit megkaphat, amit kér. Jézus ezt ígérte nekünk a Máté 21:22-ben: "És amit könyörgéstekben kértek, mindazt meg is kapjátok, ha hisztek." Mi az oka annak, hogy az emberek különböző mértékben kapnak válaszokat Istentől?

Egy őszinte szív, és a hitbeli teljes biztonság

A Zsidó 10:22 ezt tartalmazza: "Járuljunk hozzá igaz szívvel, hitnek teljességével, mint akiknek szívök tiszta a gonosz lelkiismerettől." Az igaz szív itt az igazi szívet jelenti, amelyben nincsen hamisság. Az a szív, amely Jézus Krisztus szívére hasonlít.

Egyszerűen szólva: a teljes hitbeli biztonság a tökéletes hitet jelenti. Azt jelenti, hogy minden Igében hiszünk, amely a Biblia 66 könyvében található, nincs bennünk kétely, és Isten parancsolatait megtartjuk. Olyan mértékben, amennyire őszinte a szívünk, tökéletes hittel bírhatunk. Azoknak a vallomása, akik igaz szívvel bírnak, az igaz hit vallomása. Isten megválaszolja ezen emberek imáját, nagyon gyorsan.

Sok ember van, aki megvallja a hitét, azonban a vallomásuk őszintesége különböző mértékű. Vannak olyan emberek, akiknek száz százalékban igaz a vallomása, mivel a szívük is igaz. Vannak olyanok, akiknek a vallomása csak ötven százalékban igaz, mert a szívük ötven százalékban becsületes és őszinte. Hogyha valaki szíve csak félig őszinte, Isten ezt fogja mondani: "Csak félig hiszel bennem." Az emberek vallomásának őszintesége a hitük mértékének felel meg, amelyet Isten elismer.

A hit és az őszinteség közötti kapcsolat

A másokkal való kapcsolatokban, azt mondjuk, hogy hiszünk és bízunk másokban, a hitünk mértéke mégis különböző lehet. Például, amikor az anya elmegy otthonról, és otthon hagyja a gyerekét, mit mond? Lehet, hogy ezt mondja: "Jól kell viselkednetek, és a házban kell maradnotok. Gyermekeim, megbízom bennetek." Igazából: valóban hisz az anya a gyermekeiben, és bízik bennük?

Hogyha egy anya valóban megbízik a gyermekében, akkor nem kell ezt mondja: "Megbízom benned." Lehet, hogy csak ezt kell mondja: "Ekkor és ekkor érek haza." De valamivel többet mond ennél, hogyha a gyermeke nem megbízható. Lehet, hogy ezt mondja: "Éppen kitakarítottam, őrizd meg a rendet a házban. Ne nyúlj a kozmetikai dolgaimhoz, és ne kapcsold be a gázt." Minden egyes ponton végigmegy, amelyben nem bízik, mielőtt elmegy otthonról, és ezt mondja gyermekének: "Bízom benned, ezért figyelj a szavaimra."

Hogyha még kevésbé bízik, az után, hogy elmondta a gyermekének, hogy mit tegyen, lehet, hogy hazamegy, és ellenőrzi, hogy mit tesz a gyerek. Ezt fogja kérdezni: "Mit csinálsz jelenleg? Minden rendben van?" Megpróbálja kideríteni, hogy mit tesz a gyermeke. Azt mondja, hogy hisz a gyermekében, de a szívében nincs teljes bizalom. A szülők hitének mértéke a gyermekükben különböző lehet. Egyes gyermekekben jobban lehet bízni, míg másokban kevésbé, attól függően, hogy mennyire őszinték és megbízhatóak. Hogyha állandóan szót fogadnak a szüleiknek, akkor a szülőknek százszázalékos hite lehet bennük. Hogyha ezek a szülők ezt mondják: "Megbízom benned," akkor ez valóban így is van.

Teljes hitbiztonsággal kérj

Hogyha egy gyerek, akiben a szülei száz százalékban megbíznak, kér valamit, a szülőknek meg kell adniuk azt. Nem kell, hogy ezt kérdezzék tőle: "Mit fogsz vele csinálni? Valóban szükséged van rá most?" És így tovább. Egyszerűen meg kell adniuk neki, amit kér, mert teljesen megbíznak benne. "Azért kéri, mert biztosan szüksége van rá. Semmit nem fog elpazarolni."

Azonban, ha a szülőknek nem teljes a bizalma, csak akkor engedelmeskednek a gyerek akaratának, hogyha megértik a valódi okát annak, hogy miért kér a gyerek. Minél kevesebb a bizalmuk, annál kevésbé hiszik el a gyerek szavait, és hezitálnak abban, hogy megadják azt, amit a gyerek kér. Hogyha a gyerek újra és újra kér, akkor a szülők néha végül megadják neki, de nem azért, mert hisznek neki, hanem azért, mert olyan sokszor kérte.

Ez az elv ugyanígy működik köztünk és Isten között. Olyan őszinte a szíved, hogy Isten száz százalékban elismeri, ezt mondva: "Fiam, lányom, teljes bizonyossággal hiszel Bennem"?

Ne legyünk olyanok, akik csak azért kapnak Istentől, mert éjjel-nappal kérnek. Bármit meg kell kapnunk, ha kérünk úgy, hogy az igazságban járunk, és semmi nincs bennünk, ami miatt elítélnek bennünket (1 János 3:21-22).

A tiszta szívű Ábrahám teljesen biztos volt a hitében

Ábrahám azért válhatott a hit ősatyjává, mert igaz szíve volt, és teljesen bízott Istenben. Ábrahám hitt Isten ígéreteiben, és semmilyen helyzetben nem kételkedett benne. Isten megígérte Ábrahámnak, aki 75 éves volt, hogy egyszer egy hatalmas nemzet jön létre általa.

Azonban innentől kezdve húsz éven át semmi nem történt. Amikor kilencvenkilenc éves volt, és a felesége, Sára nyolcvankilenc, amikor már túl idősek voltak, hogy gyerekük szülessen, Isten azt mondta, hogy egy éven belül születik egy fiuk. A Római 4:19-22 elmagyarázza a helyzetet: "És hitében erős lévén, nem gondolt az ő már elhalt testére, mintegy százesztendős lévén, sem Sárának elhalt méhére; Az Istennek ígéretében sem kételkedett hitetlenséggel, hanem erős volt a hitben, dicsőséget adván az Istennek, És teljesen elhitte, hogy amit ő ígért, meg is cselekedheti. Azért is tulajdoníttaték néki igazságul."

Annak ellenére, hogy ez emberi számítás szerint lehetetlen dolog volt, Ábrahám soha nem kételkedett, hanem elhitte Isten ígéretét teljesen, ezért Isten elismerte Ábrahám hitét. Isten megengedte, hogy fia szülessen, Izsák, a következő évben, ahogy megígérte.

Azonban ahhoz, hogy Ábrahám a hit ősatyja legyen, még volt egy teszt, amin át kellett mennie. Ábrahámnak a fia akkor született, amikor százéves volt, és Izsák szépen felnőtt. Ábrahám nagyon szerette a fiát. Ekkor Isten azt parancsolta Ábrahámnak, hogy Izsákot ajánlja fel égőáldozatként, úgy, ahogy a teheneket és a bárányokat feláldozták egőáldozatként. Az Ótestamentum idején megnyúzták az állatokat, sok részre felvágták őket, és felajánlották égőáldozatként.

A Zsidók 11:17-19 elmagyarázza, mit tett Ábrahám ekkor: "Hit által áldozta meg Ábrahám Izsákot, próbára tétetvén, és az egyszülöttet vitte áldozatul, ő, ki az ígéreteket nyerte, Akinek meg volt mondva: Izsákban neveztetik néked mag; Úgy gondolkozván, hogy az Isten a halálból is képes feltámasztani, miért is őt példaképpen visszanyerte." (Zsidó 11:17-19 ESVUK).

Ábrahám az oltárhoz kötözte Izsákot, és azon volt, hogy egy késsel megölje. Abban a pillanatban angyal szállt le Istentől, és ezt mondta: "Ne nyujtsd ki a te kezedet a gyermekre, és ne bántsd őt: mert most már tudom, hogy istenfélő vagy, és nem kedvezél a te fiadnak, a te egyetlenegyednek én érettem." (Genezis 22:12). Ezzel a teszttel Ábrahám tökéletes hitét elismerte Isten, és ezzel méltóvá vállt arra, hogy a hit ősatyja legyen belőle.

Igaz szívet gyakorolni, és hitbeli biztonságban élni

Egykor reménytelenül éltem, és csak a halálomat vártam. Azonban a nővérem elvitt egy templomba, ahol letérdeltem Isten szentélyében, és azonnal meggyógyult az összes betegségem, Isten hatalmából. Ez volt a válasz a nővérem imáira és az én böjtömre.

Mivel túláradó szeretetet és kegyelmet kaptam Istentől, ezért mindent meg akartam tudni Róla. Nagyon sok megújhodási összejövetelen vettem részt az istentiszteletekre ráadásul, amelyeken Isten Igéjét tanultam. Annak ellenére, hogy fizikailag nehéz munkát végeztem egy építészeti vállalatnál, a hajnali imaösszejöveteleken részt vettem minden reggel. Isten Igéjét akartam hallani, és meg akartam ismerni a legjobb tudásom szerint.

Amikor a lelkész megtanította nekem Isten Igéjét, engedelmeskedtem. Hallottam, hogy nem helyes Isten gyermekének a dohányzás és az ivás, tehát azonnal abbahagytam a dohányzást és ivást. Mivel hallottam, hogy Istennek fel kell ajánlani a tizedet, és más áldozatokat kell hoznunk, minden nap azóta is felajánlásokat teszek Istennek.

Olvasva a Bibliát, mindig azt tettem, amit Isten mond, hogy meg kell tennünk, és nem tettem meg azt, amiről a Biblia azt mondja, hogy ne tegyük meg. Imádkoztam és böjtöltem, hogy megszabaduljak azoktól a dolgoktól, amelyekről a Biblia azt mondja, hogy dobjuk el magunktól. Hogyha nem volt könnyű számomra, hogy megszabaduljak tőlük, akkor böjtöltem. Isten értékelte az erőfeszítésemet, hogy visszafizessem az Ő kegyelmét, és nagyon értékes hittel ajándékozott meg.

Az Istenhitem napról napra erősebb lett. Soha nem kételkedtem Istenben, bármilyen tesztet vagy nehézséget küldött rám. Mivel Isten Igéjének engedelmeskedtem, ennek eredményeként a szívem igaz szívvé vált, amelyben nem volt hamisság. Jó és tiszta szívem lett, olyan, mint az Úré.

Amint látjuk az 1 János 3:21-ben: "Szeretteim, ha szívünk nem vádol minket, bizodalmunk van az Istenhez," bármit kértem Istentől, magabiztos hittel tettem, és megkaptam a válaszokat.

Hitbeli erőpróbák

Mindeközben, 1983. februárjában, két hónappal az után, hogy megnyitottuk a templomunkat, a hitemet nagyon megtesztelte Isten. A három lányom és egy fiatalember szénmonoxid mérgezést kapott egy korai szombat reggelen. Mindez közvetlenül az egyik egész éjjeli pénteki istentisztelet után történt. Nem tűnt úgy, hogy túlélik, mivel egész éjjel belélegezték a mérgező gázt.

A szemük kifordult, és a szájukat hab hagyta el, a testükben nem volt erő, és a kezük-lábuk lógott. A gyülekezet néhány tagját megkértem, hogy helyezzék el őket a szentélyben. Felmentem az oltárra, és Istennek hálaadó imádságot mondtam.

"Istenem, köszönöm Neked. Nekem adtad őket, és elvetted tőlem őket. Köszönöm, hogy a lányaimat az Úr kebelére vetted. Köszönöm, Istenem, hogy a királyságodba vetted őket, ahol nincsen könny, fájdalom vagy szomorúság."

"Mivel a fiatalember csak a gyülekezetünk tagja, azt kérem, hogy keltsd életre őt. Nem akarom, hogy ez a történet szégyent hozzon a Nevedre..."

Miután Istenhez így fordultam, először a fiatalemberért imádkoztam, aztán a lányaimért, egyenként. Aztán, pár perccel az után, hogy imádkoztam értük, mind a négyen felálltak - teljesen öntudatuknál voltak - olyan sorrendben, ahogy imádkoztak értük.

Mivel teljesen megbíztam Istenben, és szerettem Őt, hálaadó imát ajánlottam fel anélkül, hogy bármilyen harag vagy fájdalom lett volna a szívemben. Istent meghatotta ez az ima, és egy hatalmas csodát mutatott nekünk. A felekezetünk tagjainak nagyobb lett a hite az incidens által. A hitemet elismerte Isten, és nagyobb hatalmat kaptam Tőle. Azaz, megtanultam, hogyan lehet a mérgező gáztól megszabadulni annak ellenére, hogy nem egy egy élő szervezet.

Ha a hitünket próbára teszik, hogyha állhatatos szívet mutatunk Istennek, akkor elismeri a hitünket, és megjutalmaz bennünket áldásokkal. Még az ellenséges ördög és a Sátán sem tud megvádolni minket többé, mert láthatják, hogy a hitünk igazi.

Innentől kezdve bármilyen megpróbáltatást le tudtam küzdeni, mindig közelebb kerültem Istenhez, őszinte szívvel és tökéletes hittel. Minden alkalommal még nagyobb hatalmat kaptam fentről. Isten hatalmával, melyet ily módon kaptam, Isten lehetővé tette, hogy tengerentúli egyesült missziókat valósítsak meg a 2000-es évtől kezdődően.

Amikor 1982-ben egy negyven napos böjtöt ajánlottam fel Istennek a templomunk megnyitása előtt, Isten örömmel elfogadta, és a világ-evangelizáció és a Nagy Szentély megépítésének küldetését küldte nekem. Öt vagy tíz év múlva sem láttam a módját, hogyan tudjam ezeket a missziókat véghezvinni. Azonban, még mindig azt hittem, hogy Isten lehetővé teszi, és ezekért a missziókért imádkoztam állandóan.

Az elkövetkezendő 17 évben, melyek a templom megnyitását követték, Isten megáldott bennünket, hogy a világmissziót végrehajtsuk. Hatalmas, mega méretű tengerentúli evangélizációs missziót, ahol Isten csodálatos hatalma megvalósult. Ugandától kezdve volt egyesült missziónk Japánban, Pakisztánban, Kenyában, a Fülöp-szigeteken, Indiában, Dubaiban, Oroszországban, Németországban, Peruban, a Kongói Demokratikus Köztársaságban, az Egyesült Államokban, és még Izraelben is, ahol az evangélium prédikálása gyakorlatilag lehetetlen. Gyönyörű gyógyulások történtek, és számos ember megtért a hindu és az iszlám vallásból, és kereszténnyé vált. Nagyban dicsőítették Istent.

Amikor eljött az idő, Isten megadta számunkra, hogy számos könyvet adjunk ki, nagyon sok nyelven, hogy az evangélium jó hírét elterjesszük. A kiadványok azt is lehetővé tették, hogy egy keresztény tv csatornát valósítsunk meg, a Global Christian Network (GCN) nevűt, azaz a Globális Keresztény Hálózatot, és egy Globális Keresztény Orvosok Hálózatát, a World Christian Doctors Network nevűt (WCDN). Mindezt azért, hogy Isten hatalmát terjesszük, mely a templomunkban megnyilvánul.

Pakisztáni misszió

Számos olyan tengerentúli misszió volt, amelyben különböző nehézségeket kellett leküzdeni, hittel. Ki szeretném emelni a pakisztáni missziót, mely 2005. októberben volt.

Az egyesült misszió napján a lelkészekkel konferenciát tartottunk volna. Bár korábban már megszereztük a kormányzat engedélyét, a konferencia helyét bezárták, amire reggel odamentünk. Pakisztán népességének többsége muszlim vallású. Terrorista veszélyt állapítottak meg a keresztény gyűlésünk előtt. Mivel a konferenciánkat a média nagyban reklámozta, a muszlimok megpróbálták megzavarni a missziónkat.

Ezért a kormányzat megváltoztatta a hozzáállását. Hirtelen visszavonta az engedélyt a helység használatához, és lezárta az emberek útját, akik azért érkeztek, hogy részt vegyek a konferencián. Azonban ez nem zavart meg engem, nem is lepődtem meg az esemény miatt. Inkább meghatódott szívvel ezt mondtam: "A konferencia megkezdődik ma délig." Megvallottam a hitemet, miközben a fegyveres rendőrök a kapu előtt álltak, és úgy tűnt, hogy a kormányzat nem változtatja meg a véleményét.

Isten előre tudta, hogy ezek a dolgok meg fognak történni, és a pakisztáni kormányzat kulturális- és sportminiszterét elhívta, hogy oldja meg ezt a problémát. Lahoreban volt üzleti ügyben, és miközben a repülőtérre tartott, hogy visszamenjen Iszlamabadba, hallott a helyzetünkről, és felhívta a rendőrséget, valamint az állami kormányzati tisztviselőket azért, hogy a gyűlést meg lehessen tartani. A repülőjáratának az indulását késleltette, hogy eljöhessen, és meglátogatta a helységet, ahol a konferenciát tartottuk.

Isten csodálatos munkájával a kapu kinyílt, és számtalan ember ment át rajta örömkiáltással. Örvendezve megölelték egymást, és könnyeket ontottak a mélységes örömükben, Istennek dicsőséget adva. Mindez pontosan délben történt.

Másnap a misszióban Isten számtalan csodája valósult meg, hatalmas számú ember társaságában Pakisztánban, hisz ez volt a legnagyobb keresztény misszió addig az országban. Megnyitotta az utat egy közel-keleti misszionárius munkához. Azóta dicsőséget adunk Istennek, minden országban, ahol missziót tartunk, mivel a leghatalmasabb embertömegek vesznek részt, és Isten leghatalmasabb munkái valósulnak meg mindenhol.

Bármilyen ajtót kinyithatunk, hogyha megvan a "mesterkulcsunk," ugyanígy: hogyha tökéletes hittel bírunk, Isten hatalmát lehozhatjuk fentről, a leglehetetlenebb helyzetekben is. Ilyenkor bármilyen probléma megoldható egyetlen pillanat alatt.

Bár nagyon elterjedtek a balesetek, természeti katasztrófák vagy a ragályos betegségek, megvédhetjük magunkat Isten által, hogyha őszinte, egyenes szívvel és tökéletes hittel közeledünk Istenhez. Hogyha a hatóság emberei, vagy azok, akik gonoszak, próbálnak szövetkezni ellened, hogyha igaz szívvel bírsz, és tökéletes a hited, képes leszel dicsőséget mondani Istennek, mint ahogy Dániel tette, akit Isten megvédett az oroszlánok barlangjában.

A 2 Krónikák 16:9 első része ezt tartalmazza: "Mert az Úr szemei forognak az egész földön, hogy hatalmát megmutassa azokhoz, akik ő hozzá teljes szívvel ragaszkodnak; bolondul cselekedél ebben; azért mostantól kezdve háborúk lesznek te ellened." Istene gyermekei is fognak találkozni kisebb vagy nagyobb gondokkal az életükben. Ezekben az időszakokban Isten elvárja tőlük, hogy Rá támaszkodjanak, és tökéletes hittel imádkozzanak.

Azok, akik Isten elé járulnak igaz szívvel, alaposan megbánják a bűneiket, hogyha ezeket feltárják. Amikor a bűneiket megbocsájtják, akkor magabiztosságot nyernek, és Istenhez közelednek a hit teljes bizonyosságával (Zsidó 10:22). Az Úr nevében imádkozom, hogy ezt az elvet megértsd, és közelebb kerülj Istenhez, őszinte szívvel és tökéletes hittel, hogy válaszokat kapjál bármire, amit kérsz az imádban.

Bibliai
példák II

A harmadik mennyország, és a harmadik dimenzió tere

A harmadik égben van a mennyei királyság.

A tér, amely olyan, mint a harmadik mennyország, a "harmadik dimenzió tere."

Amikor forróság és magas páratartalom van nyáron, azt mondjuk, olyan, mint egy trópusi hely.

Ez nem jelenti azt, hogy hogy a forró és párás levegő a trópusi területről valójában arra a helyre költözött.

Csak azt jelenti, hogy az ottani időjárásnak hasonló jellemzői vannak, mint a trópusi területek időjárásának.

Hasonlóan, ha a harmadik mennyország dolgai az első égben megtörténnek (a fizikai térben, amelyben élünk), nem azt jelenti, hogy a harmadik ég egy bizonyos része az első mennyországba költözött.

Természetesen, amikor a mennyei a házigazdák, angyalok vagy próféták az első mennyországba utaznak, a kapuk, amelyek a harmadik éggel kapcsolatot hoznak létre, kinyílnak.

Ahogy az asztronauták ruhában vannak a holdbéli utazás vagy a holdbeli seta során, amikor a harmadik mennyország lényei eljönnek az első égbe, fel kell ölteniük a harmadik dimenzió terét.

A Biblia néhány pátriárkája szintén megtapasztalta a harmadik mennyország terét. Ezek általában azok az alkalmak, amikor az angyalok, vagy az Úr angyalai megjelentek, és segítettek rajtuk.

Péter és Pál megszabadul a börtönből

A Cselekedetek 12:7-10 ezt tartalmazza: "És ímé az Úrnak angyala eljöve, és világosság fénylék a tömlöcben: és meglökvén Péter oldalát, felkölté őt, mondván: Kelj föl hamar! És leesének a láncok kezeiről. És monda néki az angyal: Övezd fel magadat, és kösd fel saruidat. És úgy cselekedék. És monda néki: Vedd rád felsőruhádat és kövess engem! És kimenvén, követé őt; és nem tudta, hogy valóság az, ami történik az angyal által, hanem azt hitte, hogy látást lát. Mikor pedig általmentek az első őrsön és a másodikon, jutának a vaskapuhoz, mely a városba visz; mely magától megnyílék előttük: és kimenvén, egy utcán előremenének; és azonnal eltávozék az angyal ő tőle."

A Cselekedetek 16:25-26 ezt tartalmazza: "Éjféltájban pedig Pál és Silás imádkozván, énekkel dicsőíték az Istent. A foglyok pedig hallgatják vala őket. És hirtelen nagy földindulás lőn, úgyannyira, hogy megrendülének a tömlöc fundamentomai; és azonnal megnyílának az ajtók mind, és mindnyájoknak a bilincsei feloldódának."

Ezek a dolgok történtek, amikor Péter és Pál apostolt börtönbe zárták anélkül, hogy bármilyen hibájuk let volna, csak mert az evangéliumot prédikálták. Amikor ezt tették, üldözték őket, azonban ők egyáltalán nem panaszkodtak. Inkább Istent dicsérték, és örültek, mert az Úr nevéért szenvedhettek. Mivel a harmadik mennyország igazsága szerint a szívük helyes volt, Isten angyalokat küldött nekik, hogy megszabadítsa őket. Az angyalok számára a vaskapu megerősítése nem jelentett gondot.

Dániel túlélte az oroszlánok barlangját

Amikor Dániel dániel a perzsa birodalom miniszterelnöke volt, azok, akik féltékenyek voltak erre, összeskütek ellene, hogy tönkre tegyék őt. Ezért az oroszlánok barlangjába dobták őt. A Dániel 6:22 ezt tartalmazza: "Az én Istenem elbocsátá az ő angyalát, és bezárá az oroszlánok száját és nem árthattak nékem; mert ártatlannak találtattam ő előtte és te előtted sem követtem el, oh király, semmi vétket." "Az én Istenem elbocsátá az ő angyalát, és bezárá az oroszlánok száját" azt jelenti, hogy a harmadik mennyország tere betakarta őket.

A mennyei királyságban, a harmadik mennyországban, azok az állatok, amelyek a földön vadak, mint például az oroszlán, nem erőszakosak, hanem nagyon szelídek lesznek. Tehát a földi oroszlánok szintén gyöngéddé váltak, amikor a harmadik mennyország tere betakarta őket. Azonban, ha ezt a teret felviszik rólunk, visszakerülnek az eredeti erőszakos jellemükhöz. A Dániel 6:24 ezt tartalmazza: "És parancsola a király, és előhozák azokat a férfiakat, akik Dánielt vádolák, és az oroszlánok vermébe vettetének mind ők, mind fiaik és feleségeik; és még a verem fenekére sem jutának, amikor rájok rontának az oroszlánok és minden csontjokat összezúzták." Dániel azért védte meg Isten, mivel büntetlen volt. A gonosz emberek megpróbáltak kitalálni valamit, hogy megvádolják őt, azonban semmit nem tudtak találni. Dávid akkor is imádkozott, amikor életveszélyben volt. Az összes cselekedete helyes volt a harmadik dimenzió igazsága szerint, és ezért a harmadik dimenzió tere betakarta őt az oroszlánok barlangjában, ezért egyáltalán nem sérült meg.

 Ti pedig kinek mondotok engem?

> Te vagy a Krisztus, az élő Isten Fia."
> Ha megvallod a hited
> a szíved mélyéről,
> a cselekedeteid követik ezt.
> Isten megáldja azokat, akik ilyen vallomást tesznek.

A szóbeli vallomás jelentősége

Péter vizen járt

Péter megkapta a mennyország kulcsait

Az ok, amiért Péter nagyszerű áldásokat kapott

Gyakorold az Igét, ha hiszel Jézusban, a Megmentődben

Jézustól válaszokat kapni

Válaszokat kapni a szóbeli vallomások által

"Monda nékik: Ti pedig kinek mondotok engem? Simon Péter pedig felelvén, monda: Te vagy a Krisztus, az élő Istennek Fia . És felelvén Jézus, monda néki: Boldog vagy Simon, Jónának fia, mert nem test és vér jelentette ezt meg néked, hanem az én mennyei Atyám. De én is mondom néked, hogy te Péter vagy, és ezen a kősziklán építem fel az én anyaszentegyházamat, és a pokol kapui sem vesznek rajta diadalmat. És néked adom a mennyek országának kulcsait; és amit megkötsz a földön, a mennyekben is kötve lészen; és amit megoldasz a földön, a mennyekben is oldva lészen."

(Máté 16:15-19)

Vannak olyan házastársak, akik ritkán mondják azt, hogy "szeretlek" a teljes házasságuk alatt. Hogyha megkérdezzük őket, azt mondják, hogy a szív fontos, de nem kell hogy minden nap állandóan kimondják azt, hogy szeretlek. Természetesen a szív fontosabb, mint az, hogy a szájunkkal mondjunk valamit. Függetlenül attól, hogy hányszor mondjuk el: "szeretlek," ha nem szívből szeretünk, akkor a szavak hasztalanok. Nem lenne job, ha megvallanánk azt, ami a szívünkben van? Spirituális értelemben ugyanazt jelenti.

A szájjal ki mondott vallomás jelentősége

A Róma 10:10 ezt tartalmazza: "Mert szívvel hiszünk az igazságra, szájjal teszünk pedig vallást az idvességre." Természetesen ez az ige azt hangsúlyozza, hogy a szívünkkel higgyünk. Nem üdvözölhetünk csak úgy, hogy a szájunkkal ezt mondjuk: "hiszek," hanem csak úgy, ha a szívünkből hiszünk. Azonban, még mindig azt mondja, hogy a szájunkkal kell vallomást tennünk arról, hogy hiszünk a szívünkben. Miért?

Azért, hogy megtudjuk a cselekedet fontosságát, amely a szájunkkal történt vallomást követi. Azok, akik azt vallják, hogy hisznek, de csak a szájukkal mondják ezt, anélkül, hogy a szívükből jönne, nem tudják bemutatni a hitüket követő cselekedetek bizonyítékát.

Azonban azok, akik valóban hisznek a szívükben, és a szájukkal meg is vallják ezt, a cselekedetekkel bemutatják a hitük bizonyítékait. Azaz, azt teszik, amit Isten mond, hogy tegyenek. Nem teszik azt, amit Isten mond, hogy ne tegyenek meg, és megtartják azt, amit Isten kér. Eldobják azt, amit Isten megparancsol, hogy küszöböljenek ki magukból.

Ezért a Jakab 2:22 ezt tartalmazza: "Látod, hogy a hit együtt munkálkodott az ő cselekedeteivel, és a cselekedetekből lett teljessé a hit." A Máté 7:21 azt mondja: "Nem minden, aki ezt mondja nékem: Uram! Uram! megyen be a mennyek országába; hanem aki cselekszi az én mennyei Atyám akaratát." Azaz láthatjuk, hogy csak akkor üdvözölhetünk, hogyha Isten akaratát követjük.

Hogyha szívből jövő, őszinte vallomást teszel, akkor ezt cselekedetek fogják követni. Isten értékeli az igaz hitedet, és választ ad neked, valamint elvezet téged az áldásokhoz. A Máté 16:15-19-ben látjuk, hogy Péter csodálatos áldást kapott, mivel megvallotta a hitét, amely a szíve mélyéről származott.

Jézus ezt kérdezte a tanítványoktól: "Ti pedig kinek mondotok engem?" Péter válaszolt: "Te vagy a Krisztus, az élő Istennek Fia." Hogyan tehetett ilyen csodálatos hitvallomást?

Péter vizen járt

A Máté 14-ben olvasunk egy jelenetről, amelyben Péter jelentős hitvallomást tett. Péter a vizen járt. Emberi tudás szerint egyáltalán nem lehetséges a vizen történő járás. Az, hogy Jézus a vizen járt, önmagában csodálatos, és felhívja a figyelmünket arra, amikor Péter is ezt tette. Jézus egyedül imádkozott a hegyekben, és az éjszaka közepén odament a tanítványaihoz, akik a csónakban voltak, a hullámokon hánykolódva. A tanítványok azt hitték, hogy egy szellem jött hozzájuk. Képzeld el, hogy a sötétben vagy, és valaki közeledik hozzád. A tanítványok felkiáltottak a félelemtől.

Jézus ezt mondta: "Bízzatok; én vagyok, ne féljetek!" Mire Péter ezt válaszolta: "Uram, ha te vagy, parancsolj, hogy hozzád mehessek a vizeken." Jézus ezt mondta: "Jövel!" amire Péter

kiszállt a csónakból, és a víz tetején Jézushoz jött.
Természetesen Péter nem azért tudott a vizen járni, mert a hite tökéletes volt. Láthatjuk, hogy félt, és elkezdett süllyedni, amikor észrevette a szelet. Jézus kinyújtotta a kezét, megfogta őt, és ezt mondta: "Kicsinyhitű, miért kételkedél?" Hogyha nem a tökéletes hitével, akkor minek tulajdonítható, hogy Péter járni tudott a vizen?
Bár a saját hite szerint nem volt lehetséges, hitt Jézusban, Isten Fiában, és a szívében elismerte Őt. Tehát abban a pillanatban képes volt a vizen történő járásra. Láthatjuk, hogy nagyon fontos dolog történt. Nagyon fontos a szájunkkal megvallani, hogy hiszünk az Úrban, és elismerjük Őt.

Mielőtt Péter a vizen járt volna, így vallott: "Uram, ha te vagy, parancsolj, hogy hozzád mehessek a vizeken." Természetesen nem mondhatjuk, hogy a hitvallomása tökéletes és teljes volt. Hogyha hitt volna az Úrban a szívében száz százalékban, akkor azt mondta volna: "Uram, bármit megtehetsz. Mondd azt, hogy Hozzád jöjjek a vizen."

Azonban, mivel Péternek nem volt elegendő hite, hogy egy tökéletes vallomást tegyen a szíve mélyéről, ezt mondta: "Uram, ha te vagy." Ezzel azt kérte, hogy Jézus megerősítse azt, hogy ki Ő. Péter különb volt, mint a többi a tanítvány a hajóban azért, mert ezt mondta.

Miután felismerte Jézust, a szájával megvallotta a hitét, miközben a többi tanítvány félelmében kiáltozott. Amikor Péter megvallotta a hitét, és elismerte Jézust, mint az Urat, a szíve mélyéről, megtapasztalt egy csodálatos dolgot, amely a saját hite szerint nem lett volna lehetséges, ami a vizen történő járás volt.

Péter megkapta a mennyország kulcsait

A fenti tapasztalattal Péter valójában tökéletes hitvallomást tett. A Máté 16:16-ban Péter ezt mondja: "Te vagy a Krisztus, az élő Istennek Fia" Ez egy különböző vallomás volt attól, amit a vizen történő járáskor mondott. Jézus szolgálata alatt nem mindenki hitt Benne, és ismerte el Őt mint a Messiást. Voltak, akik irigyek voltak Rá, és megpróbálták megölni Őt.

Olyan emberek is voltak, akik elítélték Őt, és hamis vádakat terjesztettek Róla, mondván hogy "bolond" volt, "Belzebub megszállta," a "démonok királya" volt, és hogy "ördögöket hajtott ki" az emberekből.

Azonban a Máté 16:13-ban Jézus megkérdezi a tanítványait: "Engemet, embernek Fiát, kinek mondanak az emberek?" Ezt válaszolták: "Némelyek Keresztelő Jánosnak, mások Illésnek; némelyek pedig Jeremiásnak, vagy egynek a próféták közül." Rossz hírek is voltak Jézusról, de a tanítványok nem beszéltek ezekről, hanem csak a jó dolgokról, hogy bátorítsák Jézust.

Most Jézus újra megkérdezte tőlük: "Engemet, embernek Fiát, kinek mondanak az emberek? " Az első, aki válaszolt erre a kérdésre, Péter volt. A Máté 16:16-ban ezt mondta: "Te vagy a Krisztus, az élő Istennek Fia." A következő versekben azt olvassuk, hogy Jézus áldott szavakat mondott Péternek.

"Boldog vagy Simon, Jónának fia, mert nem test és vér jelentette ezt meg néked, hanem az én mennyei Atyám" (Máté 16:17).

De én is mondom néked, hogy te Péter vagy, és ezen a kősziklán építem fel az én anyaszentegyházamat, és a pokol kapui sem vesznek rajta diadalmat. És néked adom a mennyek országának kulcsait; és amit megkötsz a földön, a mennyekben is kötve lészen; és amit megoldasz a földön, a mennyekben is oldva lészen. (Máté 16:18-19).

Péter olyan áldásban részesült, amely szerint az egyház alapítója lett, és olyan tekintélye lett, amellyel különböző dolgokat tudott megvalósítani, amelyek valójában a spirituális térben lehetségesek, de ebben a fizikai térben mutatta ezeket. Számos csodálatos dolog történt Péter által később is: a bénák járni tudtak, a holtak föltámadtak, és egyszerre ezer ember bánta meg a bűnét.

Úgyszintén, amikorr Péter megátkozta Ananiást és Zafírát, akik megcsalták a Szentlelket, azonnal elestek és meghaltak (Cselekedetek 5:1-11). Ezek a dolgok azért voltak lehetségesek, mert Péter apostolnak megvolt a tekintélye és a hatalma, hogy amit összekötöttek a földön, a mennyben is összekössék, és amit szétoldoztak a földön, azt szétoldozzák a mennyben is.

Az ok, amiért Péter csodálatos áldásokat kapott

Mi volt az oka annak, hogy Péter ilyen csodálatos áldásokat kapott? Amíg Jézus mellett volt, mint az Ő tanítványa, számtalanszor látta a Jézus által megvalósuló csodás dolgokat. Olyan dolgokat, amelyek emberi képesség szerint nem lehetségesek, Jézus által megtörténtek. Olyan dolgok, amelyeket emberi bölcsesség szerint nem lehet megtanítani, Jézus szájából elhangzottak. Akik igazán hisznek Istenben, és akiknek jóság van a szívében, mit tettek volna? Vajon nem ismerték volna el Őt, ezt gondolva: "Ez nem egy közönséges ember, hanem az Isten Fia, aki a mennyországból alászállt"?

Azonban ezt a Jézust látva, nagyon sok ember nem ismerte el

Őt akkor. Főleg a főpapok, a papok, a farizeusok és az írástudók, és más vezetők sem akarták elismerni Őt.

Inkább irigyek voltak Rá, és meg akarták ölni Őt. Megint mások elítélték Őt a saját gondolataik alapján. Jézus sajnálta őket, és ezt mondta a János 10:25-26-ban: "Megmondtam néktek, és nem hiszitek: a cselekedetek, amelyeket én cselekszem az én Atyám nevében, azok tesznek bizonyságot rólam. De ti nem hisztek, mert ti nem az én juhaim közül vagytok. Amint megmondtam néktek."

Even at the time of Jesus, so many people judged and condemned Jesus and tried to kill Him. However, His disciples, who had been constantly observing Him, were different. Of course, not all the disciples believed and professed Jesus as the Son of God and the Christ deep inside their heart. But, they did believe and acknowledged Jesus.

Jézust még a saját idejében is nagyon sokan elítélték, és megpróbálták megölni Őt. Azonban a tanítványai, akik állandóan figyelték Őt, mások voltak. Természetesen nem az összes tanítványa vallotta azt, hogy Jézus a Megváltó, aki a Krisztus, és az élő Isten Fia, a szívük mélyéről. De elismerték Jézust, és hittek.

Péter azt mondta Jézusnak: "Te vagy a Krisztus, az élő Isten Fia," Ezt nem valakitől hallotta, hanem a szíve mélyén bízott ebben. Megértette ezt, mert látta Isten munkáit megnyilvánulni Jézus által. Isten megengedte számára, hogy rájöjjön erre.

Gyakorold az Igét, hogyha hiszed, hogy Jézus a Megmentőd

Vannak emberek, akik a szájukkal megvallják, hogy hisznek, de csak azért, mert mások azt mondják nekik, hogy üdvözülünk, hogyha hiszünk Jézus Krisztusban, és meggyógyulunk, valamint áldásokat kapunk, hogyha templomba járunk. Természetesen, hogyha először jössz templomba, van rá esély, hogy nem azért jössz, mert eleget tudsz, vagy elég hited van. Amikor azt hallják, hogy áldásokat kapnak, és üdvözülnek, hogyha templomba jönnek, sokan azt gondolják: miért ne próbálnák meg.

Azonban, függetlenül attól, hogy milyen okból jössz a templomba, miután meglátod Isten csodálatos munkáit, ez után soha nem szabad, hogy ugyanolyan legyen a gondolatod, mint korábban. Nem csak a szájaddal kell megvallanod, hogy hiszel, hanem el kell fogadnod Jézus Krisztust, mint a személyes Megváltódat, és a cselekedeteddel kell tanúsítanod Jézus Krisztus létezését.

Az én esetemben az történt, hogy teljesen más életet éltem, amióta Jézus Krisztust megismertem és elfogadtam Őt, mint személyes Megmentőmet. Száz százalékban elhittem a szívemben, hogy Jézus az én személyes Megmentőm.

Mindig elismertem az Urat az életemben, és engedelmeskedtem Isten Igéjének. Nem tartottam ki az elméleteim, gondolataim vagy véleményem mellett, hanem egyedül Istenre támaszkodtam mindig, mindenben. Amint a Példabeszédek 3:6-ban látjuk: "Minden te útaidban megismerd őt; akkor ő igazgatja a te útaidat." Mivel elismertem Istent mindenben, vezetett engem a dolgaimban.

Elkezdtem csodálatos áldásokat kapni, olyanokat, amilyeneket Péter is kapott. Ahogy Jézus mondta Péternek: "És néked adom a mennyek országának kulcsait; és amit megkötsz a földön, a mennyekben is kötve lészen; és amit megoldasz a földön, a mennyekben is oldva lészen." Isten mindent megválaszolt, amit hittem, és amit kértem Tőle.

Elismertem Istent, és mindenféle gonoszságtól megszabadultam Isten Igéje szerint. Amikor elértem a megszentesülést, Isten nekem adta a hatalmát. Amikor a kezemet a betegekre helyeztem, a betegségek elhagyták őket, és meggyógyultak. Amikor azokért imádkoztam, akik eljönnek családi vagy üzleti problémáik miatt, a gondjaik megoldódtak.

Mivel mindenben elismertem Istent, megvallottam a hitemet, és a Kedvére tettem azzal, hogy az Igéjét gyakoroltam, a szívem minden vágyát megválaszolta, és bőségesen megáldott engem.

Jézustól válaszokat kapni

A Bibliában látunk sok olyan embert, aki Jézushoz jött, és a betegsége és gyengesége meggyógyult, vagy a gondjai megoldódtak. Voltak olyanok, akik hitetlenek voltak közöttük, azonban a többségük zsidókból állt, akik hosszú generációk óta hittek Istenben.

Azonban, annak ellenére, hogy hittek Istenben, nem tudták megoldani a gondjaikat magukra, vagy válaszokat kapni a saját hitük szerint. Meggyógyultak a betegségekből és gyengeségből, és a gondjaik is elsimultak, amikor Jézus elé mentek. Azért volt ez, mert hittek, és elismerték Jézust, és a cselekedeteik által megmutatták a hitük bizonyítékát. Nagyon sok ember akart Jézus elé járulni, csak azért, hogy megérintette a ruháit. Megvolt a hitük abban, hogy Jézus nem közönséges ember volt, és hogy a gondjaik megoldódnak, hogyha Elé jönnek. Bár a hitük nem volt teljes, és ezért nem kaphattak válaszokat a gondjaikra a saját hitük által, mégis: válaszokat kaphattak, mert hittek, és elismerték Jézust, és Hozzá jöttek.

Akkor, mi van veled? Hogyha valóban hiszel Jézus

Krisztusban, és azt mondod: "Te vagy a Krisztus, az élő Isten Fia, akkor Isten válaszolni fog neked, mert látja majd a szívedet. Természetesen azoknak a hitbeli vallomása, akik templomba jártak már jó ideje, különböző kell hogy legyen azokétól, akik új hívők. Ez azért van, mert Isten különböző vallomást vár el a különböző emberektől, minden ember hite szintjének megfelelően. Ahogy egy négy éves gyerek és egy fiatal felnőtt ismeretszintje különböző, a különböző emberek hitvallomása is különböző kell hogy legyen.

Azonban, nem jöhetsz rá ezekre a dolgokra saját magadtól, vagy csak azért, mert a hallasz ezekről valaki mástól. A benned lévő Szentlélek kell hogy segítsen a megértésben, és a Szentlélekkel sugallatára kell hogy hitvallomást tegyünk.

A szájunkkal tett hitvallomás általi válaszok

A Bibliában számos olyan ember van, aki úgy kapott válaszokat, hogy megvallotta a hitét. A Lukács 18. fejezetében, egy vak ember hitt, és elismerte az Urat, eljött Elé, és így vallott: "Uram, add, hogy az én szemem világa megjőjjön." (41. vers) Jézus ezt válaszolta: "Láss, a te hited téged megtartott," és ez az ember azonnal újra látott.

Hogyha hittek, ismerték Jézust, és Elé jöttek, megvallva a hitüket, Jézus megszólaltatta az eredeti hangot, és a válaszok garantáltak voltak. Jézusnak ugyanolyan hatalma van, mint a hatalmas és mindentudó Istennek. Hogyha Jézus eldönt valamit az agyában, akkor bármilyen betegség és gyengeség meggyógyul, és bármilyen probléma elsimul.

Azt jelenti-e ez, hogy bárkinek a gondját megoldotta, és bárkinek az imájára válaszokat küldött Jézus? Nincs rendben az igazság szerint, hogy azokért imádkozzunk, akik nem hisznek, és nem ismerik el Jézust.

Hasonlóan, hogyha Péter hitt, és elismerte az Urat a szívében, de nem vallotta volna meg a szájával a hitét, akkor Jézus megadta volna neki azokat a csodálatos dolgokat és áldásokat? Jézus megáldhatta Pétert anélkül, hogy megtörte volna az igazságot, mivel Péter hitt, és elismerte Jézust a szívében, és ezt meg is vallotta a szájával.

Hogyha részt szeretnél venni a Szentlélek szolgálatában, ahogy Péter tette, akkor a szájaddal meg kell vallanod a hitedet, a szíved mélyéről. Az ilyen hitvallomással, melyet a Szentlélek sugall, remélem, hogy a szíved minden kívánságára választ kapsz, és gyorsan.

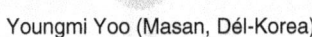

Youngmi Yoo (Masan, Dél-Korea)

Egy kellemetlen és ritka betegség, amelyet egy napon elkaptam

2005. január közepén a bal szememmel hirtelen homályosan, és mindkét szememmel gyengén láttam. A tárgyak homályosakká váltak, és majdnem teljesen láthatatlanok. Nagyon sok tárgyat sárgán láttam, és az egyenes vonalak görbének és hullámosnak tűntek. Ami még rosszabb, hánytam és szédültem is egy idő után.

Az orvos azt mondta nekem, hogy ez a Harada betegség. Azért láttam görbéknek a tárgyakat, mert kisebb daganatok voltak a szememben. Azt is mondta, hogy a betegség eredete ismeretlen, a létező orvosi kezeléssel nagyon nehéz volt megszabadulni tőle, és a látást megtartani. Hogyha ezek a daganatok megnőnek, betakarják a szemmozgató idegeket, és az ember elveszítheti a látását. Elkezdtem magamat figyelni imádkozás közben. Nagyon hálás voltam, mert arrogáns maradtam volna, hogyha nem jön ez a probléma.

Mindezek után dr. Jaerock Lee imája által és a tv közvetítés alapján,

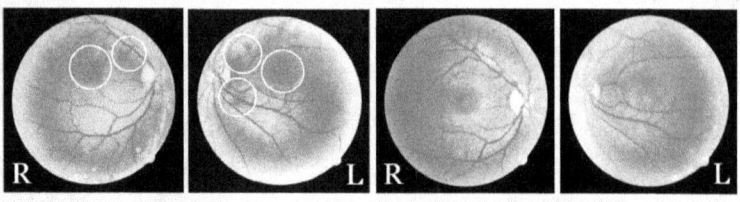

Az Ima előtt — A daganatok eltűntek közvetlenül az Ima után

valamint a zsebkendő segítségével, amellyel imádkozott, a szédülésem és hányásom megszűnt. "Halott szemidegek, éledjetek újra! Fény, gyere!" Azt láttam, hogy később, a pénteki egész éjjeli istentiszteletet néztem és a tévét, és tökéletes volt a látásom. A feliratok világosan olvashatók voltak, jól láttam, és tudtam fókuszálni arra, amit láttam. A tárgyak nem voltak homályosak többé, teljesen világosan láttam a színeket, és semmi nem volt sárga. Alleluja!

Február 14-én egy újbóli vizsgálatra mentem, hogy megbizonyosodjak a gyógyulásomról, és Istent dicsőítsem. Az orvos azt mondta: "Csoda történt! A szemei teljesen meggyógyultak!" Az orvos tudta, hogy mennyire súlyosan betegek voltak a szemeim, és nagyon meglepődött, amikor látta, hogy meggyógyultak. Miután alaposan megvizsgált, igazolta, hogy a daganatok eltűntek, és a duzzanat is eltűnt. Megkérdezte, hogy kaptam-e valamilyen másik

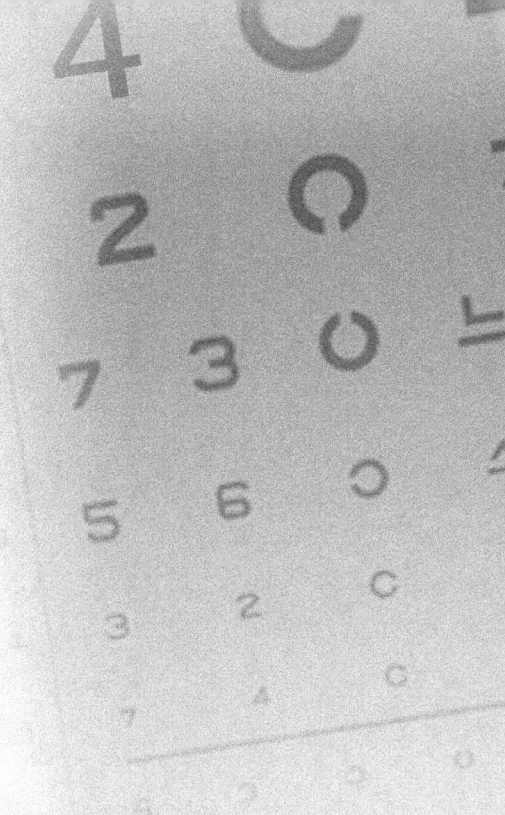

kórházban bármilyen orvosi kezelést. Világos volt a válaszom: "Nem. Egyedül csak dr. Jaerock Lee imáját hallgattam meg, és Isten hatalmából meggyógyultam."

Mielőtt az imát meghallottam, a látásom 0,8 és 0,25 volt, de az ima után 1,2 érték volt mindkét szememben.

Kivonat a Rendkívüli dolgokból

Mit akarsz, hogy cselekedjem veled?

Nyolcadik fejezet

" Amikor Jézus ezt mondta:
"Mit akarsz, hogy cselekedjem veled?"
az eredeti hangon szólalt meg. "

Választ kapni az eredetin hang által

A szíved mélyéről bízz Jézusban

Kiálts fel, amikor Istent kéred

A rökéletes hit nem ingadozik

Dobd el a köpönyeged

Isten meghallja a hitvallomásodat

"Mondván: Mit akarsz, hogy cselekedjem veled? Az pedig monda: Uram, hogy az én szemem világa megjőjjön!"

(Lukács 18:41)

Még azok is kaphatnak válaszokat Istentől, akik először jönnek a templomba, hogyha a szívük mélyén hisznek. Ez azért van, mert Isten a mi jó Atyánk, aki jó dolgokat akar adni a gyermekeinek. Ahogy a Máté 7:11-ben látjuk: "Ha azért ti gonosz létetekre tudtok a ti fiaitoknak jó ajándékokat adni, mennyivel inkább ád a ti mennyei Atyátok jókat azoknak, akik kérnek tőle?!"

Az Isten azért teremtette meg a lehetőséget, hogy megkapjuk a válaszokat az igazságban, mi, az ő gyermekei, hogy bőséges áldásokat kapjunk. Isten nem azért teremtette meg a lehetőséget, hogy ezt mondja: "Nem adhatok neked, mert nem teljesítetted a feltételeimet."

Megtanítja nekünk, hogyan kaphatunk válaszokat a szívünk vágyaira, az anyagi gondjainkra, a családi problémáinkra vagy a betegségeinkre. Hogy válaszokat kapjunk Isten igazsága szerint, a hit és az engedelmesség nagyon fontos.

Megkapni a válaszokat az eredeti hangon

A Lukács 18. fejezetben egy vak emberről olvasunk, aki választ kapott Jézustól az eredeti hangon. Hallotta, hogy Jézus elmegy Mellette, ekkor odafordult az utcán Hozzá, és hangosan ezt mondta: "Jézus, Dávidnak Fia, könyörülj rajtam!" Akik ott voltak, mondták neki nyersen, hogy hallgasson el, azonban nem hagyta abba, és még hamgosabban felkiáltott: "Jézus, Dávidnak Fia, könyörülj rajtam!"

Jézus megállt, és azt parancsolta, hogy hozzák Elé az embert, és megkérdezte tőle: "Mit akarsz, hogy cselekedjem veled?" Az pedig azt mondta: "Uram, hogy az én szemem világa megjőjjön." Ezt mondta neki Jézus: "Láss, a te hited téged megtartott."

Ahogy Jézus ezt kimondta, egy nagyszerű csoda történt: azonnal visszanyerte a látását. Amikor látták ezt az emberek, Istent dicsőítették.

Amikor Jézus ezt mondta: "Mit akarsz, hogy cselekedjem veled?" akkor az eredeti hangon szólalt meg. Amikor a vak ember azt mondta: "Uram, hogy az én szemem világa megjőjjön," és az Úr azt mondta: "Láss, a te hited téged megtartott," ez ismét az eredeti hang volt.

Az "eredeti hang" Isten hangja, amelyet akkor hallatott, amikor megalkotta a mennyet és a földet, és mindent, ami bennük van, a Hangjával. A vak ember láthatott, amikor Jézus az eredeti hangot megszólaltatta, mert teljesítette a feltételeit annak, hogy választ kapjon. Nézzük meg részletesen, hogyan kapta meg ez a vak ember a választ.

Mélyen bízzál Jézusban a szívedben

Jézus falvakba és városokba ment, terjesztette az evangéliumot a mennyei királyságról, és megmutatta az Igét jelekkel és csodákkal, amelyek Őt követték. A mozgáskorlátozottak jártak, a leprások meggyógyultak, és akiknek szem- vagy fülbetegsége volt, újra láttak és hallottak. Azok, akik nem tudtak beszélni, beszéltek, és a démonokat kiűzte. Mivel a hír Jézusról széles körben elterjedt, emberek tömege követte Őt, bárhová ment.

Egy nap Jézus Jerikóba ment. Mint általában, sok ember gyűlt össze Jézus köré, és követte Őt. Egy vak ember, aki ott ült az utcán és koldult, hallotta, hogy egy tömeg megy el mellette, és megkérdezte az embereket, hogy mi történik. Valaki ezt mondta neki: "A názáreti Jézus van itt." Akkor ez a vak ember gondolkodás nélkül azt kiáltotta: "Jézus, Dávidnak Fia, könyörülj rajtam"

Azért kiáltott fel ily módon, mert hitt benne, hogy Jézus bizonyosan megjavítja a látását. Azt is kikövetkeztethetjük, hogy valóban hitt abban, hogy Jézus a Megmentő, mert így kiáltott fel: "Jézus, Dávid fia!"

Ez azért van, mert Izraelben minden ember tudta, hogy a Messiás Dávid családjába fog megérkezni. Az első oka annak, hogy ez a vak ember választ kapott, az volt, hogy hit, és elfogadta Jézust, mint a Megmentőt. Hitt, kérdés nélkül abban, hogy Jézus meggyógyítja a látását.

Bár vak volt, és nem látott, nagyon sok hírt hallott Jézusról. Hallotta, hogy egy Jézus nevű ember jelent meg, és olyan hatalma volt, hogy bármilyen problémát megoldott, amit senki más nem tudott megoldani. Amint látjuk a Róma 10:17-ben: "Azért a hit hallásból van," ez a vak ember hitt abban, hogy újra látni fog, hogyha Jézushoz megy. Tudott hinni abban, amit hallott, mert viszonylag jó szíve volt.

Hasonlóan, hogyha jó a szívünk, könnyebben lesz lelki hitünk, ha meghalljuk az evangéliumot. Az evangélium azt jelenti, hogy "jó hír," és a Jézus Krisztusról szóló hír jó hír volt. Azok, akiknek jó a szíve, elfogadják a jó hírt. Például, hogyha valaki azt mondja: "Az ima által meggyógyultam egy gyógyíthatatlan betegségből," a jószívű emberek ezzel az emberrel együtt örülnek. Még ha nem is hiszik el teljesen, azt gondolják: "Ez egy nagyon jó hír, ha igaz."

A gonoszok nem fogják elhinni, kételkedni fognak, és lesznek olyanok, akik elítélik őt, ezt mondva: "Azért találja ki, hogy becsapja az embereket." Azonban, hogyha azt mondják, hogy a Szentlélek munkája, mely Isten álat valósult meg, hamis és kitaláció, akkor ezzel a Szentlelket meggyalázzák.

A Máté 12:31-32-ben ezt olvassuk: "Azt mondom azért néktek: Minden bűn és káromlás megbocsáttatik az embereknek; de a Lélek káromlása nem bocsáttatik meg az embereknek. Még a ki az ember Fia ellen szól, annak is megbocsáttatik; de a ki a Szent Lélek ellen szól, annak sem ezen, sem a más világon meg nem bocsáttatik."

Hogyha elítélsz egy templomot vagy egyházat, amely a Szentlélek munkáit mutatja, meg kell bánnod ezt. Hogy ha elbontod a közted és az Isten között lévő bűnfalat, képes leszel válaszokat kapni.

Az 1 János 1:9 ezt tartalmazza: "Ha megvalljuk bűneinket, hű és igaz, hogy megbocsássa bűneinket és megtisztítson minket minden hamisságtól." Hogyha bármi olyan dolog van, amit meg kell bánnod, remélem, hogy alaposan megteszed ezt, Isten előtt, könnyezve, és csak a fényben fogsz járni.

Amikor Istentől kérsz, hangosan kiálts fel

Amikor a vak ember hallotta, hogy Jézus elmegy Mellette, azt kiáltotta: "Jézus, Dávid fia, könyörülj rajtam!" Hangosan kiáltott Jézushoz. Miért kellett hangosan kiáltania Jézushoz?

A Genezis 3:17 ezt tartalmazza: "Az embernek pedig monda: Mivelhogy hallgattál a te feleséged szavára, és ettél arról a fáról, a melyről azt parancsoltam, hogy ne egyél arról: Átkozott legyen a föld te miattad, fáradságos munkával élj belőle életednek minden napjaiban."

Mielőtt az első ember, Ádám, evett a jó és a rossz tudásának fájáról, az emberek ehettek abból, amit Isten adott nekik, és annyit, amennyit akartak. Azonban, mivel Ádám engedetlen volt

Isten Igéje szerint, és evett a gyümölcsből, a bűn beköltözött az emberbe, és húsbeli, testi emberré vált. Innentől kezdve csak a verejtékes munkánk árán tudunk enni. Ez az az igazság, amit Isten állított fel. Ezért csak a verejtékes munkánkkal kaphatunk válaszokat Istentől. Azaz, verejtékeznünk kell, és imádkoznunk, szívbeli, szellemi és lelki imával, és hangosan fel kell kiáltanunk azért, hogy válaszokat kapjunk.

A Jeremiás 33:3 ezt tartalmazza: "Kiálts hozzám és megfelelek, és nagy dolgokat mondok néked, és megfoghatatlanokat, a melyeket nem tudsz," és a Lukács 22:44 ezt mondja: "Támada pedig köztük versengés is, hogy ki tekinthető köztük nagyobbnak."

A János 11-ben, amikor Jézus felélesztette Lázárt, aki négy napig halott volt, hangosan így kiáltott fel: "Lázár, jőjj ki!" (János 11:43). Amikor Jézus az összes vérét és testnedvét kiontotta, és a kereszten az utolsót lehelte, hangosan így kiáltott fel: "Atyám, a te kezeidbe teszem le az én lelkemet." (Lukács 23:46).

A Genezis 3:17 ezt tartalmazza: "Az embernek pedig monda: Mivelhogy hallgattál a te feleséged szavára, és ettél arról a fáról, a melyről azt parancsoltam, hogy ne egyél arról: Átkozott legyen a föld te miattad, fáradságos munkával élj belőle életednek minden napjaiban."

Mivel emberi testben jött erre a földre, még a bűntelen Jézus is hangosan felkiáltott, úgy, ahogy Isten igazsága kérte. Akkor mi, Isten teremtményei, hogyan tudnánk csak leülni, és könnyedén imádkozni, anélkül, hogy hangosan kiáltanánk azért, hogy választ kapjunk a problémáinkra, amelyeket nem lehet megoldani emberi képesség szerint? Ezért, a második oka annak, hogy a vak ember választ kapott az volt, hogy hangosan kiáltott fel, ami megfelelt Isten igazságának.

Jákob Isten áldását kapta, mivel addig imádkozott, amíg a csípőjének a forgócsontja kiakadt (Genezis 32:24-34). Amíg eső nem lett, egészen a három és fél éves szárazság végéig, Éliás komolyan imádkozott, és a térdei közé helyezte a fejét (1 Királyok 18:42-46). Gyorsan kaphatunk válaszokat, hogyha meghatjuk Isten szívét úgy, hogy teljes erőnkből, hittel, szeretből imádkozunk.

Imában felkiáltani nem azt jelenti, hogy zavaróan erős hangon kiáltozunk. A "Figyelj és imádkozz" című könyvemben referenciát találsz, és tanácsot kapsz azzal kapcsolatban, hogy hogyan kell a megfelelő módon imádkozni, és Istentől válaszokat kapni.

Tökéletes hit, ami nem ingadozik

Vannak olyan emberek, akik ezt mondják: "Isten még a legmélyebb részét is ismeri a szívünknek, ezért nem kell hangosan felkiáltani az imában." Azonban ez nem így van. A vak embert szárazon arra intették, hogy hallgasson, azonban még jobban kiáltozott.

Nem engedelmeskedett azoknak az embereknek, akik azt mondták neki, hogy csendben legyen, hanem még jobban kiáltozott, Isten igazsága szerint, még szenvedélyesebb szívvel. A hite ebben a percben tökéletes hit volt, amely nem változott meg. A harmadik oka annak, hogy választ kapott az imájára az, hogy megmutatta a hitét, amely állhatatos volt, és ugyanaz minden helyzetben.

Ha megsértődött volna, vagy elhallgatott volna, amikor az emberek megszidták, akkor nem nyerte volna vissza a látását.

Azonban, mivel kemény és határozott hite volt abban, hogy újra látni fog, ha találkozik Jézussal, nem maradt le a pillanatról, az emberek szidása ellenére. Nem ez volt hogy a pillanat, hogy a büszkeségét mutogassa, és semmiféle nehézségnek nem tudta beadni a derekát, hanem komolyan kiáltott, és végül megkapta a választ.

A Máté 15. fejezetében találkozunk egy kánaáni asszonnyal, aki alázatos szívvel Jézus elé jött, és választ kapott. Amikor Jézus Tirusba és Sidonba ment, egy nő eljött Hozzá, és arra kérte, hogy űzze ki a lányából a démont. Mit mondott akkor Jézus? Ezt mondta: "Nem jó a fiak kenyerét elvenni, és az ebeknek vetni." A "fiak" Izrael népét jelentették, és a kánaáni asszony az "ebet."

A hétköznapi emberek nagyon megsértődtek volna egy ilyen megjegyzésre, és továbbálltak volna. Azonban ez az asszony más volt. Alázatos szívvel kegyelemért könyörgött. Ezt mondta: "Úgy van, Uram; de hiszen az ebek is esznek a morzsalékokból, amik az ő uroknak asztaláról aláhullanak." Jézust meghatották az asszony szavai, és ezt mondta: "Óh asszony, nagy a te hited! Legyen néked a te akaratod szerint." Közvetlen ez után a lánya meggyógyult. Választ kapott az imájára, mert eldobta a büszkeségét, és teljesen megalázta magát.

Azonban, számos ember, annak ellenére, hogy Isten elé járul, hogy egy nagy gondot megoldjon, csak elmegy, vagy nem hisz Istenben, csak azért, mert megsértődött valami kis csekélység miatt. Azonban, ha igazán lenne hitük abban, hogy bármilyen nehéz, is meg tudják oldani a gondjukat, akkor alázatos szívvel kérnék Istent az Ő kegyelméért.

Dobd el a felsőruhád

Amikor Jézus Jerikóba ment, egy vak ember szemeit meggyógyította, és a Márk 10:46-52-ből látjuk, hogy egy másik vak ember szemét is kinyitotta. Ez a vak ember Bartimeus volt. Hangosan kiáltott, amikor azt hallotta, hogy Jézus elmegy mellette. Jézus azt mondta az embereknek, hogy hozzák oda hozzá, és most figyelnünk kell arra, amit tett. A Márk 10:50 ezt tartalmazza: "Az pedig felső ruháját ledobván, és felkelvén, Jézushoz méne." Ez az oka, annak hogy választ kaphatott: hogy ledobta a felső ruháját, és Jézushoz ment.

Akkor: mi a rejtett lelki jelentés abban, hogy ledobta a felső ruháját, és miért volt ez az egyik feltétele annak, hogy választ kapjon Jézustól? A koldus felsőruhája valószínűleg piszkos és büdös volt, azonban az egyedüli tulajdona volt a koldusnak, amellyel megvédhette a testét. Azonban Bartimaeus jószívű volt, és tudta, hogy nem mehetett Jézus elé a koszos és bűzlő ruhájával.

Jézus, akivel találkozni fog, egy szent és tiszta ember volt. A vak ember tudta, hogy Jézus nagyon jó ember volt, aki kegyelmet adott az embereknek, meggyógyította őket, és reményt adott a szegényeknek és a betegeknek. Tehát a lelkiismerete hangjára figyelt, hogy nem mehetett Jézus elé ilyen piszkos és büdös felsőruhában. Engedelmeskedett ennek a hangnak, és eldobta a ruháját.

Ez az előtt volt, mielőtt Bartimeust megszállta a Szentlélek, tehát meghallotta a jó lelkiismerete hangját, és engedelmeskedett ennek. Azaz, a legértékesebbek tulajdonát, a felső ruházatát azonnal eldobta. Egy másik lelki jelentése a felsőruházatnak a szívünk mélyén lévő piszok és rossz szag, azaz a hamisság a szívünk mélyén. A büszke és arrogáns szív ez, amelyben minden rossz dolog megtalálható.

Ez azt jelenti, hogy annak érdekében, hogy találkozzunk Istennel, el kell hogy dobjuk a piszkos és rossz szagú bűneinket, amelyek olyanok, mint a koldus bűzlő felsőruházata. Hogyha valóban válaszokat akarsz kapni, akkor meg kell hallanod a Szentlélek hangját, amikor a Szentlélek a múltbeli bűneidre emlékeztet. Meg kell hogy bánd az összes bűnödet. Gondolkodás nélkül engedelmeskedned kell annak, amit a Szentlélek hangja mond neked, úgy, ahogy a vak Bartimeus tette.

Isten meghallja a hitvallomást

Jézus végül válaszolt a vak embernek, aki teljes hittel kért. Jézus ezt kérdezte tőle: "Mit akarsz, hogy cselekedjem veled?" Vajon Jézus nem tudta, hogy mit akart ezzel a vak ember? Természetesen tudta, de azért kérdezte meg, mert a hitvallomásnak el kell hangzania. Isten igazsága szerint meg kell hogy valljuk a hitünket a szájunkkal annak érdekében, hogy valódi választ kapjunk.

Jézus ezt kérdezte a vak embertől: "Mit akarsz, hogy cselekedjem veled?" Azért kérdezte ezt, mert az ember teljesítette a feltételét annak, hogy választ kapjon. Amikor ezt válaszolta: "Mester, hogy lássak," akkor visszanyerte a látását. Ehhez hasonlóan: hogyha eleget teszünk a feltételeknek, és csakis ekkor, kaphatunk meg bármit, amit kérünk.

Ismered Aladdin és a csodalámpa történetét? Tegyük fel, hogy háromszor megdörzsölöd a lámpát, és egy óriás jön ki a lámpából, és teljesíti három kívánságodat. Ez egy emberek által alkotott történet, mégis, ennél csodálatosabb és erősebb kulcsunk van ahhoz, hogy válaszokat kapjunk. A János 15:7-ben Jézus ezt mondta: "Ha én bennem maradtok, és az én beszédeim bennetek maradnak, kérjetek, amit csak akartok, és meglesz az néktek."

Hiszel abban, hogy Isten, az Atya a Mindenható, és mindenre képes? Akkor: az Úrban lakhatsz, és engedd meg, hogy az Úr is benned lakjon. Remélem, egy leszel az Úrral a hited és engedelmességed által, hogy bátran megvallhasd a vágyaidat, és megkapd őket, amint megszólal az eredeti hang.

Ms. Akiyo Hirouchi (Maizuru, Japán)

A lányunokám pitvari sövényhiánya meggyógyult!

2005. elején két lánytestvér született a családunkban. Azonban, három hónap múlva a testvérek közül az egyik csecsemőnek légzési nehézségei támadtak. Pitvari sövényhiányt diagnosztizáltak nála, és a szívében egy 4,5 mm-es lyukat fedeztek fel. Nem tudta a fejét egyenesen tartani, és nem tudott tejet szopni. A tejet egy csövön át, az orrán keresztül adtuk neki.

Ez egy kritikus helyzet volt, és egy gyerekorvos, a Kiotói Egyetemről egészen a Maizurui kórházig jött. A csecsemő teste túl gyenge volt ahhoz, hogy az egyetemi kórházba elvigyék, amely jó messze volt tőlünk. Ezért a helyi kórházban kellett hogy kezelést kapjon.

Keontae Kim lelkész az Osaka & Maizuru Manmin templomból imádkoztak érte egy zsebkendőt fölött, amelyen dr. Jaerock Lee is imádkozott. Egy imakérelmet küldött a Központi Manmin Templomba, Szöulba, ahová a fényképét is elküldtük a kislánynak.

Én nem voltam olyan helyzetben, hogy részt vegyek azon az istentiszteleten, amelyet az interneten ajánlottak fel, tehát a péntek éjjeli imát, amely a Manmin Központi Templomban történt, 2005. június 10-én felvettük, és utána az egész család részesült dr. Jaerock Lee imájában.

"Isten Atya, gyógyítsd meg, átlépve az idő és tér kereteit. Tedd a kezed Miky Yunára, Hirouchi Akiyo lányunokájára Japánban. Pitvari sövényhiány, tűnj el! A Szentlélek tüze égessen el, és legyél egészséges!"

Másnap, június 11-én egy csodálatos dolog történt. A csecsemő korábban nem volt képes egyedül lélegezni, azonban most jobban lett, és le tudták venni a lélegeztetőgépről.

"Csoda, hogy a csecsemő ilyen hamar meggyógyult!" - az orvos nagyon csodálkozott.

Azóta a gyerek nagyon jól fejlődik. 2,4 kiló volt csupán a súlya, azonban két hónap után, miután imádkoztunk érte, öt kilóra nőtt. A hangja és a sírása sokkal erősebb volt. Mivel első kézből láttam ezt a csodát, 2005. augusztusában jelentkeztem a Manmin Központi Templomban. Rájöttem, hogy Isten azért adta meg ezt a csodálatos gyógyulást, mert tudta, hogy ez által hinni fogok Benne én is.

A kegyelem által elkötelezetten dolgoztam annak érdekében, hogy megalapítsuk a Maizuru Manmin Templomot. Három évvel a megnyitás után az egyháztagok és én felajánlottuk Istennek, hogy vásárolunk egy gyönyörű szentély épületet.

Ma önkéntes munkát végzek Isten királyságáért. Nagyon hálás vagyok, nem csak a gyógyító kegyelemért, amit a lányunokám kapott, hanem Isten kegyelméért, amely elvezetett engem az igaz élethez.

Kivonat a Rendkívüli dolgokból

"Legyen néktek a ti hitetek szerint"

Kilencedik fejezet

"
Az eredeti hang, mely
Jézus száján kijön,
a teljes földet bejárja,
és eljut a világ végére,
ezzel kimutatva az Ő hatalmát,
mely túlszárnyal időt és teret.
"

Minden teremtmény engedelmeskedik az eredeti hangnak

Az emberek már nem képesek meghallani az eredeti hangot

Az ok, amiért nem kapnak válaszokat

A centúriónak jó szíve volt

A centúrió megtapasztalt egy csodát, mely túlszárnyalt teret és időt

Erőteljes munkák, túlszárnyalva teret és időt

"És monda Jézus a századosnak: Eredj el, és legyen néked a te hited szerint. És meggyógyult annak szolgája abban az órában."

(Máté 8:13)

Amikor fájdalmaik vannak, vagy nehéz időszakon mennek át, vagy amikor úgy tűnik, hogy nincsen kiút, akkor nagyon sok ember azt érzi, hogy Isten távol van tőlük, és hogy elfordítja az Arcát tőlük. Vannak, akik ezt gondolják, kételkedve: "Vajon Isten tudja, hogy itt vagyok?" vagy: "Isten meghallgatja az imámat, amikor imádkozom?" Ez azért van, mert nincsen bennük elég hit a Mindenható és Mindentudó Istenben.

Dávid nagyon sok nehézségen ment át élete során, ennek ellenére ezt vallotta a Zsoltárok 139:8-10-ben: "Ha a mennybe hágok fel, ott vagy; ha a Seolba vetek ágyat, ott is jelen vagy. Ha a hajnal szárnyaira kelnék, és a tenger túlsó szélére szállanék: Ott is a te kezed vezérelne engem, és a te jobbkezed fogna engem."

Mivel Isten minden fölött uralkodik az univerzumban, és ami ezen túl van: az időn és a teren, a fizikai távolság, amelyet az emberi lények éreznek, nincs jelentőséggel Isten számára egyáltalán.

Az Ézsaiás 57:19 ezt tartalmazza: "Megteremtem ajkaikon a hálának gyümölcsét. Békesség, békesség a messze és közel valóknak, így szól az Úr; én meggyógyítom őt!" Itt, a "Megteremtem ajkaikon a hálának gyümölcsét "azt jelenti, hogy Isten Igéje nagy valószínűséggel beteljesedik, amint láttuk a Számok 23:19-ben.

Az Ézsaiás 55:11 ezt is mondja: "Így lesz az én beszédem, amely számból kimegy, nem tér hozzám üresen, hanem megcselekszi, amit akarok, és szerencsés lesz ott, ahová küldöttem."

Minden teremtmény engedelmeskedik az eredeti hangnak

Isten, a Teremtő megteremtette a mennyet és a földet az eredeti hangjával. Így minden, ami az eredeti hangon megteremtődött, engedelmeskedik az eredeti hangnak, akkor is, hogyha nem élő szervezet. Például, manapság van hangfelismerő eszközünk, amely egy bizonyos hangra válaszol csak. Hasonlóan, az eredeti hang is be van ágyazva minden dologba az univerzumban, úgyhogy minden ennek engedelmeskedik, amikor megszólal.

Jézus, aki egy a természetében Istennel, megszólaltatta az eredeti hangot. A Márk 4:39 ezt tartalmazza: "És felkelvén megdorgálá a szelet, és monda a tengernek: Hallgass, némulj el! És elállt a szél, és lőn nagy csendesség" Még a tenger és a szél is, amelynek nincs füle vagy élete, engedelmeskedik az eredeti hangnak, akkor mi, emberi lények, akiknek van fülünk és gondolkodó képességünk, mit kell tennünk? Természetesen nekünk is engedelmeskednünk kell. Akkor: mi az oka annak, hogy az emberek nem engedelmeskednek?

A hangfelismerő eszközök példájában tegyük fel, hogy van száz darab ilyen gép. A tulajdonosuk úgy állította be a gépeket, hogy akkor működjenek, amikor a hang ezt mondja: "Igen." Azonban, negyven gépen valaki átállítja a beállítást. A negyven gépet úgy állítja be, hogy akkor működnek, amikor azt hallják, hogy "nem." Ez a négy gép soha nem fog működni, amikor a tulajdonos azt mondja: "Igen." Hasonló módon, mivel Ádám bűnözött, az emberek nem képesek felismerni és meghallani az eredeti hangot.

Az emberek nem képesek felismerni és meghallani az eredeti hangot

Ádám valóban úgy teremtődött meg, mint egy élő lélek, és meghallotta, és engedelmeskedett Isten Igéjének, az igazságnak. Isten az, aki megtanította Ádámot a lelki tudásra, amely az igazság szava volt. Mivel Isten Ádámnak szabad akaratot adott, ezért neki kellett eldöntenie, hogy engedelmeskedik az igazságnak, vagy nem. Isten nem akart egy olyan gyereket, aki olyan, mint egy robot, aki feltétel nélkül engedelmeskedik mindig.

Olyan gyerekeket akart, akik önként engedelmeskednek az Igének, és teljes szívvel szeretik Őt. Azonban, hosszú idő múlva Ádámot megkísértette a Sátán, és ellenszegült Isten Igéjének.

A Róma 6:16 ezt tartalmazza: "Avagy nem tudjátok, hogy akinek oda szánjátok magatokat szolgákul az engedelmességre, annak vagytok szolgái, akinek engedelmeskedtek: vagy a bűnnek halálra, vagy az engedelmességnek igazságra?" Amint látjuk, Ádám leszármazottai a bűn, az ellenséges ördög és Sátán rabszolgáivá váltak az engedetlenség miatt.

Most az a sorsuk, hogy gondolkodnak, beszélnek, és úgy cselekszenek, ahogy a Sátán felbujtja őket. Bűnt bűnre halmoznak, míg végül a halálba esnek. Azonban, Jézus eljött a földre Isten gondviseléséből, és meghalt engesztelő áldozatként, hogy az összes bűnöst megmentse, és feltámadt.

Ezért, a Róma 8:2 ezt tartalmazza: "Mert a Jézus Krisztusban való élet lelkének törvénye megszabadított engem a bűn és a halál törvényétől." Mint látjuk, azok, akik hisznek Jézus Krisztusban a szívükben, és a Fényben járnak, már nem a bűn rabszolgái.

Azt jelenti, hogy képesek voltak meghallani Isten eredeti hangját a hitük által Jézus Krisztusban. Ezért azok, akik meghallják ezt, és engedelmeskednek neki, válaszokat kaphatnak bármire, amit kérnek.

Az ok, amiért nem kapnak válaszokat

Most lehet, hogy sok ember ezt kérdezi: "Hiszek Jézus Krisztusban, és megbocsátották a bűneimet, akkor miért nem gyógyulok meg?" Szeretném megkérdezni tőletek ezt a kérdést: milyen mértékben engedelmeskedtetek Isten Igéjének, amely a Bibliában írva van?

Lehet, hogy azt vallod, hogy "Hiszek Istenben," de nem lehet, hogy jobban szereted a világot, becsaptál másokat, vagy rossz dolgot cselekedtél, csakúgy, mint a világi emberek? Szeretném, hogyha felülvizsgálnád, hogy megtartottad-e a vasárnapot szentnek, a tizedet befizetted-e, és megtartottad-e Isten parancsolatait, amelyek megmondják, mit tegyünk és mit ne, mit tartsunk meg, illetve mit dobjunk el magunktól.

Hogyha magabiztosan igennel válaszolsz a fenti kérdésekre, akkor bármilyen kérdésedre megkapod a választ. Hogyha a válasz késik is, hálálkodni fogsz a szíved mélyéről, és ingadozás nélkül Istenre fogsz támaszkodni. Hogyha megmutatod a hitedet ily módon, akkor Isten nem fog gondolkodni a válasz megadásán. Megszólaltatja az eredeti hangot, és azt fogja mondani: "legyen néked a te hited szerint," úgy fog történni ahogy a hited diktálja.

A századosnak jó szíve volt

A Máté 8. fejezetében olvasunk egy római centúrióról, aki a hite által választ kapott. Amikor Jézushoz ment, a szolgálója betegsége megszűnt az eredeti hang által, melyet Jézus Krisztus szólaltatott meg.

Abban az időben Izrael a Római Birodalom uralma alatt volt. Ezrével, százával ötvenesével és tizesével voltak jelen a római vezérek, akiknek a rangja annak megfelelő volt, hogy hány katona fölött parancsoltak. Ezek között volt egy centúrió, aki száz katonának parancsolt, és Kapernaumban volt, Izraelben. Hallotta a hírét Jézusnak, aki jóságot, szeretetet és kegyelmet tanított.

Jézus ezt tanította a Máté 5:30-39-ben: "Hallottátok, hogy megmondatott: Szemet szemért és fogat fogért. Én pedig azt mondom néktek: Ne álljatok ellene a gonosznak, hanem aki arcul üt téged jobb felől, fordítsd felé a másik orcádat is."

A Máté 5:43-44-ben azt mondta: "Hallottátok, hogy

megmondatott: Szeresd felebarátodat és gyűlöld ellenségedet. Én pedig azt mondom néktek: Szeressétek ellenségeiteket, áldjátok azokat, akik titeket átkoznak, jót tegyetek azokkal, akik titeket gyűlölnek, és imádkozzatok azokért, akik háborgatnak és kergetnek titeket." Akiknek jó a szíve, meg fognak hatódni, amikor a jóság eme szavait hallják. Azonban a centúrió hallotta, hogy nem csak jóságot tanított Jézus, hanem jeleket és csodákat mutatott, amelyeket nem lehetett emberi képesség szerint megvalósítani. Azt hallotta, hogy a leprások, akik átkozottak voltak, meggyógyultak, a vakok láttak, és a süketek hallottak. A némák beszéltek, a sánták és bénák jártak. A százados elhitte ezeket a szavakat, ahogy voltak.

A különböző emberek különböző képpen reagáltak a Jézusról szóló hírekre. Amikor látták Isten munkáját, az első típusú ember nem értette meg ezeket. Mivel énközpontú volt a hitük és a gondolkodási keretük, ahelyett, hogy elfogadták volna a hitet, inkább elítéltek másokat.

A farizeusok és az írástudók, akiknek szerzett jogaik voltak, ezt a típust képviselték. A Máté 12:24-ben látjuk, hogy ezt mondták Jézusról: "Ez nem űzi ki az ördögöket, hanemha Belzebubbal, az ördögök fejedelmével." Gonosz szavakat ejtettek a lelki tudatlanságuk miatt.

A második típusú ember azt hitte, hogy egy nagy próféta Jézus, és követték Őt. Például, amikor Jézus egy fiatalembert feltámasztott, akkor az emberek ezt mondták: "És elfogá mind azokat a félelem, és dicsőíték az Istent, mondván: Nagy próféta támadt mi köztünk; és: Az Isten megtekintette az ő népét." (Lukács 7:16).

Harmadjára, voltak olyan emberek, akik rájöttek a szívükben, és elhitték, hogy Jézus Isten Fia, aki eljött a földre, hogy az összes embert megváltsa. Egy ember vak volt a születése óta, de amikor találkozott Jézussal, a szeme meggyógyult. Ezt mondta:

"Öröktől fogva nem hallaték, hogy vakon szülöttnek szemeit valaki megnyitotta volna. Ha ez nem Istentől volna, semmit sem cselekedhetnék." (János 9:32-33).

Rájött, hogy Jézus úgy jött el, mint a Megváltó. Ezt vallotta: "Uram, hiszek," és imádta Jézust. Hasonlóan: azok, akiknek jó volt a szíve, képesek voltak felismerni a jót, és rájöttek, hogy Jézus Isten Fia, mert látták, hogy mit tett.

A János 14:11-ben Jézus ezt mondta: "Higyjetek nékem, hogy én az Atyában vagyok, és az Atya én bennem van; ha pedig nem, magokért a cselekedetekért higyjetek nékem." Hogyha abban az időben éltél volna, amikor Jézus eljött, akkor melyik embercsoportba tartoztál volna?

A centúrió a harmadik típusba tartozott. Hitt a Jézusról szóló hírekben, ahogy voltak, és Elé járult.

A százados megtapasztalta a csodát, amely a teren és időn át jött

Mi az oka annak, hogy a százados megkapta a választ közvetlenül az után, hogy ezt hallotta Jézustól: "Legyen néked a te hited szerint"?

Láthatjuk, hogy a centúrió a szívében bízott Jézusban. Bárminek tudott engedelmeskedni, amit Jézus kért tőle. Azonban a legfontosabb dolog a centúrióban, aki Jézus elé ment az, hogy igaz szeretet volt benne a lelkekért.

A Máté 8:6 ezt tartalmazza: "Uram, az én szolgám otthon gutaütötten fekszik, és nagy kínokat szenved." Ez a százados Jézus elé jött, és nem a saját szüleivel, rokonaival vagy a saját gyerekeivel kapcsolatban kért, hanem a szolgálójával kapcsolatban. A szolgálója fájdalmát magára vette, és Jézus elé jött. Hogy tudott volna ettől Jézus nem meghatódni a szívében, látva ezt a jóságos szívet?

A bénaság egy olyan súlyos kondíció, amelyet nem lehet

egykönnyen meggyógyítani, még a legkifinomultabb orvosi képességekkel sem. Az ember nem tudja szabadon mozgatni a lábát és a kezét, és ezért mások segítségére van szüksége, vagy másokat kell megkérnie, hogy megmosakodjon, vagy a ruháit lecserélje.

Hogyha a betegség hosszú időn át fennáll, akkor nagyon nehéz olyan embert találni, aki állhatatosan gondozza a beteg embert, szeretettel és együttérzéssel. Ahogy a régi koreai mondás tartja: "Hosszú betegségben nincsenek elkötelezettek fiak." Nagyon kevesen vannak, akik úgy szeretik a családtagjaikat, mint magukat.

Láthatjuk, hogy vannak olyan esetek, amikor a teljes család komolyan imádkozik, szeretettel a betegért, és azok, akik az élet határain túl vannak már, meggyógyulnak, mert választ kapnak egy nagyon nehéz gondra. Az imájuk és a szeretetteli cselekedetük megadhatja Isten Atyát, annyira, hogy megmutatja a szeretetet, amely az Ő igazságán túl van.

A százados a teljes szeretetével bízott Jézusban, így meg tudta gyógyítani a szolgálója bénaságát. Megkérte Jézust, és megkapta a választ.

A második ok arra, hogy választ kapott a centúrió az volt, hogy tökéletes hitet mutatott, és akaratot arra, hogy teljesen engedelmeskedjen Jézusnak.

Jézus látta, hogy a százados szerette a szolgáját, úgy, mint magát, és ezt mondta neki: "Jövök és meggyógyítom őt." Azonban a centúrió ezt mondta a Máté 8:8-ban: "Uram, nem vagyok méltó, hogy az én hajlékomba jőjj; hanem csak szólj egy szót, és meggyógyul az én szolgám." A legtöbb ember nagyon boldog lenne, hogy Jézus eljön az otthonába. A százados bátran megvallotta, amint fentebb láttuk, hogy igaz hite volt, és ez a hozzáállásából kiderült.

Azért volt, mert engedelmeskedett bármilyen kérésre is,

ezért kapott választ. Láthatjuk a Máté 8:9-ből, ahol ezt mondja: "Mert én is hatalmasság alá vetett ember vagyok, és vannak alattam vitézek; és mondom egyiknek: Eredj el, és elmegy; és a másiknak: Jöszte, és eljő; és az én szolgámnak: Tedd ezt, és megteszi." Amikor Jézus meghallotta ezt, csodálkozott, és azt mondta azoknak, akik követték Őt: "Bizony mondom néktek, még az Izráelben sem találtam ilyen nagy hitet."

Hasonlóan, hogyha azt teszed, amit Isten mond, hogy tegyél, és nem teszed meg, amit Isten megtild, valamint megtartod azt, amit Isten kér, és eldobod azt, amit Isten tilt, akkor biztos lehetsz magadban, és bármit kérhetsz Istentől. Az 1 János 3:21-22-ben ezt olvassuk: "Szeretteim, ha szívünk nem vádol minket, bizodalmunk van az Istenhez, És akármit kérjünk, megnyerjük tőle, mert megtartjuk az ő parancsolatait, és azokat cselekesszük, amik kedvesek előtte."

A centúriónak tökéletes hite volt Jézus hatalmában, aki gyógyítani tudott a saját szavával. Annak ellenére, hogy a Római Birodalom századosa volt, megalázta magát, és megvolt benne az akarat, hogy teljesen engedelmeskedjen Jézusnak. Ezért megkapta a szíve kívánságára a választ.

A Máté 8:13-ban Jézus ezt mondta a centúriónak: "Eredj el, és legyen néked a te hited szerint." És a rabszolga abban a pillanatban meggyógyult. Amikor Jézus hallatta az eredeti hangot, a válasz megérkezett az időn és teren túlról, ahogy a százados hitte.

Hatalmas munkák, amelyek átlépik a teret és az időt

A 19:5-ös Zsoltár ezt tartalmazza: "Szózatuk kihat az egész földre, és a világ végére az ő mondásuk." Amint láttuk, az eredeti hang, amely Jézus száját elhagyta, a világ végét is elérte, és Isten hatalma megjelent a téren túlról, függetlenül a fizikai távolságtól.

Amint az eredeti hang megszólal, átlépi az időt. Ezért, még kis idő múlva is, az Ige megvalósul, ahogy az edényünket elkészítettük, amellyel tudjuk fogadni a választ.

A templomunkban nagyon sok olyan isteni munka valósul meg, amely átlépi a teret és az időt. 1999-ben egy pakisztáni kislánynak a lánytestvére hozzám jött a Cintia nevű lánytestvérének a képével. Cintia haldoklott a vastagbelének a szűkületétől, amelyet úgy hívnak, hogy cöliakia vagy lisztérzékenység. Az orvos azt mondta, hogy kevés úlélési esélye volt még operáció által is. Ebben a helyzetben Cintia idősebb nővére hozzám jöttek a fényképével, hogy imádkozzak érte. Attól a pillanattól kezdve, hogy Cintiáért imádkoztam, nagyon gyorsan meggyógyult.

2003. októberben egy segédlelkész felesége a gyülekezetünkben eljött hozzám, hogy a fiútestvére fényképe fölött imádkozzak. A fivérének a vérében a vérlemezkék száma rohamosan csökkent. Vért veszített a székletében, a vizeletében, a száján át, az orrából, és a szeméből. Vér szivárgott a tüdejébe és a beleibe. A halálát várta. Azonban, amikor rátettem a kezem a fényképére, és imádkoztam fölötte, a vérlemezkék száma gyorsan övekedni kezdett, és nagyon gyorsan meggyógyult.

Ezek a munkák, melyek a teren és időn át történtek, az orosz misszión is megnyilvánultak, amelyet Szentpéterváron tartottunk, 2003. novemberében. A missziót tizenkét műholdon közvetítették, több mint 150 országban, Oroszországban, Európában, Ázsiában, Észak-Amerikában és Latin-Amerikában. A műsor sugárzása Indiában, a Fülöp-szigeteken, Ausztráliában, az Egyesült Államokban és Peruban is megtörtént. Szimultán képernyőtalálkozások voltak Oroszország négy másik városában, és Kijevben, Ukrajnában.

Attól függetlenül, hogy az emberek a szimultán képernyőn

át nézték, vagy a tévéből az otthonukból, azok, akik hallgatták az istentiszelet üzenetét, és meghallották az imámat, meggyógyultak, és ugyanakkor tanúságtevő vallomásukat küldték emailben és más fórumokon nekünk. Nem ugyanabban a fizikai térben voltak, amikor az eredeti hang megszólalt, de a hang mégiscsak működött nekik, mert ugyanabban a spirituális térben voltak.

Hogyha igazán hiszel, és szeretnél engedelmeskedni Isten Igéjének, akkor mutasd az igaz szeretet cselekedeteit, mint a százados tette, és higgyél Isten hatalmában, aki úgy működik, hogy átlépi az idő és a tér korlátait, és így áldott életed lehet, és bármire megkapod a választ, amit kértél.

A kéthetes, folyamatos, különleges újjáéledési gyűlésen, amelyet 1993-tól 2004-ig tartottunk tizenkét évig, az emberek számos betegségből meggyógyultak, és választ kaptak a gondjaikra. Mások eljutottak az üdvösség útjára. Azonban Isten a 2004-es újjáéledési összejövetel után megállította ezeket a gyűléseket. Azért történt ez, mert egy még nagyobb előrelépés várt bennünket.

Isten lehetővé tette számomra, hogy új spirituális tanulmányokat kezdjek, és elkezdte megmagyarázni nekem a lelki birodalom különböző dimenzióit. Nem értettem először, hogy miről szólnak ezek. Teljesen új fogalmak voltak. Azonban csak engedelmeskedtem, és elkezdtem tanulmányozni őket, abban a hitben, hogy egy napon megértem őket.

Körülbelül harminc évvel azelőtt, tíz, huszonegy és negyven napos böjtöm és imam által Isten hatalmat adott nekem, a felajánlásom által. Rendkívüli hideg és meleg időjárási körülményekkel kellett megküzdenem ezeken a böjtökön.

A spirituális tanulmányok, amelyeket Isten küldött nekem, összehasonlíthatatlanul fájdalmasabbak voltak, mint ezek a böjtölési erőfeszítések. Olyan jelentéstartalmakat kellett megértenem, amelyekről soha nem hallottam korábban, és úgy kellett imádkoznom, mint Jákob tette a Jabbok folyó partján, amíg megértettem őket.

Ugyanakkor rendkívüli fizikai körülményekkel kellett megküzdenem a testemmel, ahogy egy asztronauta teszi, akit nagyon jól felkészítenek ahhoz, hogy az űrbéli élethez alkalmazkodjon A testemmel különböző dolgok történtek, amelyekkel meg kellett küzdenem, egészen addig, amíg Isten azt gondolta, hogy elértem azt a dimenziót, amelyet el kell érnem.

Azonban, minden egyes pillanatot túléltem az Isten iránti szeretetemmel és hitemmel, és elég hamar megszereztem a tudást Isten Atya eredetéről, és a szeretetről és az igazságról szóló törvényről, valamint egyéb dolgokról is.

Ráadásul, minél közelebb kerültem ahhoz a dimenzióhoz, amelyet Isten akart, hogy elérjek, egyre hatalmasabb munkák valósultak meg, egyre nagyobb mértékben. A sebesség, ahogyan a gyülekezet tagjai áldásokat kaptak, sokkal nagyobb lett, és az isteni gyógyulások is, amelyek a templomunkban megvalósultak, megsokasodtak. A tanúságtételek száma megnőtt.

Isten azt akarja, hogy a Gondviselése beteljesedjen az idő végén, a legnagyobb és legmagasabb hatalommal, amelyet az ember el tud képzelni. Ezért hatalmat adott, és megépült a Nagy Szentély, mint az üdvösség csónakja, amellyel Isten dicsőségét hirdetjük, és az evangéliumot visszavezetjük Izraelbe.

Rendkívül nehéz Izraelben az evangéliumot prédikálni. Egyetlen keresztény gyülekezést sem engednek meg. Csak a hatalmas Isten hatalmából lehet megvalósítani ezt, amely a világot is megrázza. A mi templomunknak jutott az a feladat, hogy Izraelben az evangéliumot hirdessük.

Remélem, hogy rájöjjössz, hogy nagyon közel van az idő, hogy Isten a Tervét megvalósítsa, és megpróbálod feldíszíteni magadat, mint az Isten menyasszonyát, és minden dolgodat jól vezeted, ahogy a lelked virágzik.

Bibliai példák – 3

Isten hatalma, amely a negyedik mennyországot bírja

A negyedik ég vagy mennyország az a hely, ahol kizárólag egyedül az eredeti Isten lakik. Ez a hely a Szentháromság Istenének a helye, és itt minden lehetséges. A dolgokat a semmiből teremtik. Ahogy Isten a szívében kigondol valamit, már meg is valósul. Még a kemény tárgyak is szabadon folyékony gázzá válhatnak. Az a tér, amelynek ilyen jellemzői vannak, a negyedik dimenzió.

A munkák, amelyek ebben a térben megvalósulnak, a teremtés, az élet és a halál ellenőrzésének munkája, a gyógyítások munkája, és más olyan munkáké, amelyek túllépik a tér és az idő kereteit. Isten hatalma, aki mindent birtokol, ugyanúgy megvalósul ma, mint ahogy megjelent tegnap.

1. Teremtő munkák

A teremtés azt jelenti, hogy először alkotunk valamit, ami soha nem létezett. Isten teremtése volt az, amikor megteremtette a mennyet és a földet, és mindent, ami bennük van, a saját Igéjével. Isten képes teremteni, mert Ő a negyediken mennyország tulajdonosa.

A Jézus által megvalósult teremtés

Amikor a vizet borrá változtatta a János második fejezetében, egy teremtő munka volt. Jézust meghívták egy menyegzőre, ahol a bor elfogyott.

Mária nagyon sajnálta ezt, és megkérte Jézust, hogy segítsen. Jézus először elutasította őt, azonban Máriának még mindig maradt hite abban, hogy Jézus végül segít a menyegző lebonyolításában.

Jézus értékelte Mária tökéletes hitét, és azt mondta a szolgáknak, hogy a vizesedényeket töltsék meg vízzel, és vigyék a házigazdához. Nem imádkozott, és nem parancsolta a víznek, hogy borrá változzon. A szívében erre gondolt, és a víz jó minőségű borrá változott egyetlen pillanat alatt.

Az Illés által megvalósult teremtés

A zarefáti özvegy az 1 Királyok könyve tizenhetedik fejezetében nagyon nehéz helyzetben volt. Mivel nagyon hosszú ideig szárazság volt, elfogyott az étele, és csak egy marék lisztje, meg egy kis olaja maradt.

Azonban Illés azt parancsolta neki, hogy süssön egy kenyeret, és adja oda neki, ezt mondva: "Mert azt mondja az Úr, Izráel Istene, hogy sem a vékabeli liszt el nem fogy, sem a korsóbeli olaj meg nem kevesül addig, míg az Úr esőt ád a földnek színére" (1 Királyok 17:14). Az özvegy mindenféle kifogás nélkül engedelmeskedett. Ennek eredményeképpen, ő, Illés és az egész háztartás sok napig evett, de a tál liszt nem fogyott el, se a korsó olaj nem ürült ki (1Királyok 17:15-16). Itt a maroknyi liszt és az olaj, ami nem fogy el azt jelzi, hogy a teremtés munkája zajlott.

Mózes teremtő munkái

Az Exodus 15:22-23-ban azt olvassuk, hogy Izrael fiai átkeltek a Vörös-tengeren, és eljutottak a vadonba. Eltelt három nap, de nem találtak vizet egyáltalán. Egy Márá nevű helyen vizet találtak, de keserű volt, és nem volt iható. Hangosan elkezdtek panaszkodni.

Most Mózes Istenhez imádkozott, és Isten egy fát mutatott neki. Ahogy Mózes a vízbe dobta a fát, a víz megédesedett, és ihatóvá vált. Ez nem azért volt, mert a fában valami olyan anyag volt, amely elvette a keserűségét a víznek. Isten megmutatta a teremtés munkáját, amely Mózes hite és engedelmessége által megvalósult.

Muan édesvíz oldal

A Muan Manmin Templom megtapasztalja a teremtés munkáját

Isten ma is megmutatja a teremtés munkáját. A muani édesvíz egy ilyen munka. 2000. március negyedikén Szöulban imádkoztam, hogy a muani Manmin Templom sósvize édessé váljon, és gyülekezeti tagok tanúsították, hogy az ima meghallgatásra talált másnap, március 5-én.
A Muan Manmin templomot körülveszi a tenger, és a forrásból is csak tengervíz eredt. Ivóvizet három kilométerről, egy vezetéken át tudtak csak hozni. Ez nagyon kényelmetlen volt számukra.
A Muan Manmin Templom tagjainak eszébe jutott a márai esemény, az Exodus könyvében, és megkértek, hogy imádkozzak hittel, hogy a sós víz édessé váljon. A tíznapos hegyi imám során, február 21-étől, imádkoztam a Muan Manmin Templomért. A Muan Manmin Templom tagjai is böjtöltek és imádkoztak ugyanezért.
A hegyi imáim során csak az imára és Isten Igéjére összpontosítottam. Az erőfeszítésem és a Muan Manmin Templom tagjainak hite megfelelt Isten igazságossága feltételeinek, és egy ilyen csodálatos teremtés nyilvánult meg.

A lelki szemeinkkel láthatjuk a fénysugarat az Isten trónjától kiindulva, ahogy egészen a cső végéig jön, így, amikor a sós víz áthalad rajta, a fénysugár édes vízzé alakítja.
De a muani édesvíz nem csupán iható. Amikor az emberek hittel alkalmazzák, isteni gyógyulás történik, és válaszokat kapnak a problémáikra, hitük szerint. Számtalan tanúságtétel van a muani édesvízzel kapcsolatban, és a világ minden tájáról ellátogatnak emberek a Muan Manmin Templomhoz.
A muani vizet tesztelte az Egyesült Államok Élelmiszer- és Gyógyszerbiztonsági Hivatala (FDA), és a biztonságát és minőségét öt kategóriában igazolták kísérleti egereken: ásványianyag tartalom, nehézfém tartalom, vegyianyag üledék (maradék), bőrreakció, valamint mérgező tényező. Rendkívül gazdagnak bizonyult ásványi anyagokban, és a kálciumtartalma több mint háromszor magasabbnak bizonyult, mint más, híres ásványvizeké Franciaországból és Németországból.

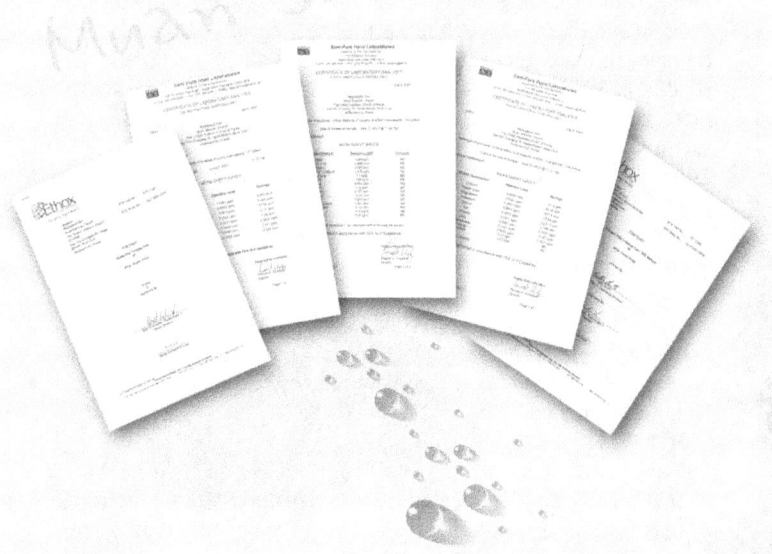

Élelmiszer- és Gyógyszerbiztonsági Hivatala (FDA) teszteredmények

2. Az élet ellenőrzése

A negyedik dimenzió terében, amely a negyedik ég jellemzőit mutatja, egy halott dolognak életet lehet adni, és egy élő dolgot halálra lehet ítélni. Ez vonatkozik mindenre, amiben élet van, függetlenül attól, hogy növény vagy állat. Ez volt a helyzet Áron vesszejével, amely kihajtott. Beborította a negyedik dimenzió tere. Tehát, egy nap múlva a száraz ág kihajtott, és kibontotta a rügyeket, majd a virágokat, és aztán fügét érlelt. A Máté 21:19-ben Jézus azt mondta a fügefának, amely nem termett gyümölcsöt, "Gyümölcs te rajtad ezután soha örökké ne teremjen." És a fügefa egyszerre elszáradt. Ez is úgy történt,hogy a negyedik dimenzió tere befedte a fát.

A János 11-ben olvassuk, ahogy Jézus feltámasztotta Lázárt, aki halott volt négy napja, és már szaglott a teste. Lázár esetében nem csak a lelkét kellett felélesztení, hanem a testét is meg kellett újítani teljesen. Ez fizikailag lehetetlen volt, de a a negyedik dimenzióban a teste fel tudott épülni egy pillanat leforgása alatt.

A Manmin Központi Templomban egy hitbeli testvér, akit Keonwi Parknak hívnak, elvesztette az egyik szemére a látását teljesen, de újra látni tudott. Szürkehályog műtéte volt, amikor három éves volt. Szövődmények követték a műtétet, és súlyos uveitisben és retinaleválásban szenvedett. Ha a retina külön válik, nem lehet látni rendesen. Továbbá, phthisis bulbiban is szenvedett, ami szűkülő szemgolyót jelent. Végül, 2006-ban, elvesztette látását teljesen a bal szemére.
2007. júliusban visszatért a látása az imám által. A bal szemével még a fényt se látta, azonban most tudott látni. Az összeszűkült szemgolyója szintén visszanyerte az eredeti méretét.
A bal szemében a látás 0,1 volt, de most 0,9 lett. A tanúságtételét felvezették az összes orvosi és kórházi dokumentumba az 5. Nemzetközi Keresztény Orvosi Konferencián, Norvégiában. A konferencián 220 egészségügyi szakember vett részt, 41 országból. Az esetet kiválasztották a legérdekesebb esetek közé, sok más eset bemutatása mellett.

Ugyanez történhet más szövetek vagy idegek estében is. Annak ellenére, hogy az idegek vagy a sejtek elhaltak, újra normálisakká válhatnak, ha a negyedik dimenzió tere befödi őket. A testi fogyatékosság is meggyógyul a negyedik dimenzió terében. Egyéb betegségek, olyanok, amelyeket baktériumok vagy vírusok okoznak, például az AIDS, a tuberkulózis, a megfázás vagy a láz,

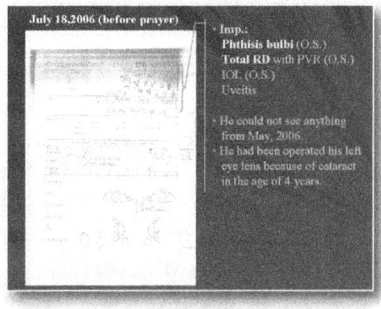
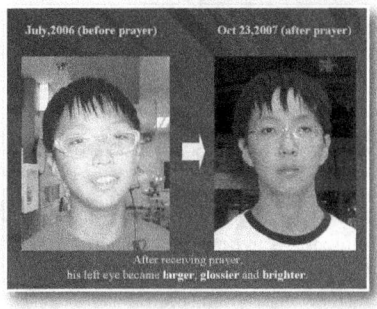

Keonwi Park esete, ahogy bemutatták a az 5. WCDN Konferencián

gyógyíthatóak a negyedik dimenzió tere által. Ezekben az esetekben a Szentlélek tüze elégeti a vírusokat vagy a baktériumokat. A kárt szenvedett szövetek megújulnak a negyedik mennyország terében, és ez a tökéletes gyógyulás. A meddőség problémája esetén, hogyha egy testrész problémájáról beszélünk, ez is meggyógyulhat a negyedik mennyország terében, és gyerek születhet. Annak érdekében, hogy Isten hatalmából meggyógyuljon a betegségünk vagy a gyengeségünk, eleget kell tennünk Isten igazsága feltételeinek.

3. Munkák a tér és idő korlátain túlról

Az erőteljes munkák, amelyek a mennyország negyedik terében valósulnak meg, az idő és a tér korlátain túlról származnak. Ez azért van, mert a negyedik ég tere teljesen átmegy az összes téren és dimenzión. A 19:5 Zsoltár ezt tartalmazza: "Szózatuk kihat az egész földre, és a világ végére az ő mondásuk. A napnak csinált bennök sátort." Ez azt jelenti, hogy Isten Igéje, amely a negyedik mennyországban található, elér a világ végére is.

Két pont, amely nagy távolságra van az első mennyországban, a fizikai birodalomban olyan, mintha egymás mellett lenne a negyediken mennyország terében. A fény nagyon gyorsan körbejárja a földet, minden másodpercben hétszer. Azonban Isten hatalmának a fénye egyetlen pillanat alatt eléri az univerzum végét. A fizikai világ távolságának nincs értelme vagy korlátja a negyedik mennyország terében.

A Máté 8. versében egy százados azt kérte Jézustól, hogy gyógyítsa meg a szolgálóját. Jézus azt mondta, elmegy a házába, de a százados ezt mondta: "Uram, nem vagyok méltó, hogy az én hajlékomba jőjj; hanem csak szólj egy szót, és meggyógyul az én szolgám." Jézus tehát ezt mondta: "Eredj el, és legyen néked a te hited szerint." És a szolgáló abban a pillanatban meggyógyult.

Mivel a negyedik ég terét Jézus birtokolja, egy beteg ember, aki Tőle távoli helyen volt, Jézus parancsára meggyógyulhat. A százados áldást kapott, mert megmutatta a tökéletes hitét Jézusban. Jézus is dicsérte a százados hitét, mondván: "Bizony mondom néktek, még az Izráelben sem találtam ilyen nagy hitet."

Még ma is, azoknak a gyerekeknek, akik egyesülnek Istennel a tökéletes hitük által, Isten megmutatja munkáit, melyek felülmúlják az időt és a teret.

A pakisztáni Cintia a lisztérzékenysége miatt haldokolt. Lysanias Izraelben egy vírusos betegségben haldokolt. Azonban meggyógyultak az ima hatalmával, amely túljut az idő és a tér korlátján. Robert Johnson az Egyesült Államokból szintén meggyógyult az ima hatalma által, amely átmegy az idő és a tér korlátain. A Achilles-ina elszakadt, és nem tudott járni a súlyos fájdalma miatt. Azonban, mindenféle orvosi kezelés nélkül, teljesen meggyógyult, csak az ima hatalma által, amely túljut az idő és a tér korlátján. Ezzel a munkával a hatalom, amely megnyilvánul a negyedik mennyország terében, megnyilvánult.

A rendkívüli munkák, amelyek zsebkendők fölötti ima által történtek, szintén az idő és a tér korlátain túl mutatnak. Az idő múlásával, hogyha a zsebkendő birtokosa helyesen cselekszik az Isten szemében, akkor az erő nem tűnik el. Ezért a zsebkendő, amely fölött komolyan imádkoznak, nagyon értékes, mert bárhol kinyitja a terét a negyedik dimenziónak.

Azonban, ha valaki istentelen módon, vagy hitetlenül használja a zsebkendőt, akkor Isten munkája nem nyilvánulhat meg. Nem csak az, aki a zsebkendő fölött imádkozik, hanem aki már imádkozott is, Isten igazságának meg kell hogy feleljen. Hinnie kell, kételyek nélkül abban, hogy a zsebkendő Isten hatalmát tartalmazza.

A spirituális birodalomban minden dolog pontosan az igazság szerint nyilvánul meg. Annak az embernek a hitét, aki a zsebkendővel imádkozik, és annak, akiért ezt teszi, Isten megméri, és ennek megfelelően nyilvánul majd meg.

4. A spirituális vagy lelki tér használása

Józsué 10:13 ezt tartalmazza: "És megálla a nap az égnek közepén és nem sietett lenyugodni majdnem teljes egy napig." Ez akkor történt, amikor az ameritákkal harcolt Józsué, amikor el akarta foglalni Kánaán földjét. Hogyan tud megállni az idő egy napra az első mennyországban? Egy nap egy földi időszak, amely alatt a föld egyszer körbe fordul a tengelye körül. Ezért, annak érdekében, hogy az idő megálljon, a föld keringése kell hogy megálljon. Azonban, hogyha a föld keringése megáll, ennek katasztrófális hatása lesz nemcsak a földre magára, hanem más égitestekre is. Hogy tudott az idő megállni majdnem egy napra?

Úgy, hogy nemcsak a föld, hanem minden egyéb az első mennyországban a spirituális birodalom időfolyamában volt. Az idő folyama a második mennyországban gyorsabb, mint az első mennyországban, és a harmadik égben az idő folyása gyorsabb, mint a másodikéban. Azonban a negyedik égben vagy mennyországban az idő folyása vagy gyorsabb vagy lassúbb, mint a többi mennyországokban. Más szóval, az idő folyama a negyedik mennyországban szabadon változhat Isten szándékától függően, mivel Isten a szívében tartja azt. Kitágíthatja, megrövidítheti, vagy leállíthatja az idő folyamát.

Józsué esetében az első mennyországot betakarta a negyedik mennyország tere, és az idő úgy tágult ki, ahogy arra szükség volt. A Bibliában láthatunk egy másik elbeszélést, amelyben az idő folyama megrövidült. Illés esete volt, aki gyorsabban tudott hajtani, mint a király szekere, az 1 Királyok 18. fejezetében.

A lerövidült időfolyam az ellentéte a kitágult időfolyamnak. Illés a saját sebességével szaladt, de - mivel a rövidített időfolyamban volt - gyorsabban tudott futni, mint a király szekere. A teremtés munkája, a holtak feltámasztása, és azok a munkák, amelyek túlszárnyalnak az idő és tér kereteinek, akkor történnek, amikor az időfolyam megáll. Ezért a fizikai világban egy bizonyos munka azonnal megtörténik, parancsra, vagy azzal, hogy Isten a szívében tartja azt.

Nézzük meg hogy mit jelentett Fülöp "teleportálása" a Cselekedetek nyolcadik fejezetében. A Szentlélek arra vezette őt, hogy találkozzon az etiópiai eunukkal a Jeruzsálemből Gázába tartó úton. Fülöp Jézus Krisztus evangéliumát prédikálta, és vízzel megkeresztelte őt. Aztán Fülöp hirtelen egy városban jelent meg, amelyet Azotusznak hívnak. Ez egyfajta "teleportálás" volt.

Ahhoz, hogy ez a teleportálás létrejöjjön, az ember át kell hogy menjen a spirituális átjárón, amelyet a negyedik ég tere képez, és amelynek a jellemzői megegyeznek a negyedik ég vagy mennyország jellemzőivel. Ebben az átjáróban az időfolyam megáll, és ezért egy ember azonnal túljuthat egy távolságon.

Hogyha ezt a spirituális átjárót tudjuk alkalmazni, akkor az időjárási körülményeket is tudjuk kontrollálni. Például, tegyük fel, hogy van két hely, ahol az emberek a szárazságtól és az áradástól szenvednek. Hogyha az áradásos terület esőjét el lehetne küldeni a száraz területre, akkor mindkét földterület problémája megoldódna. Még a tájfunok vagy hurrikánok is átmehetnek a spirituális átjárón egy olyan helyre, amely nem lakott, és nem okoznak gondot ily módon. Hogyha használjuk a spirituális teret, nemcsak a tájfunokat, hanem a vulkánkitöréseket és a földrengéseket is tudjuk kontrollálni. Be tudjuk takarni a vulkánkitörés vagy a földrengés eredetét a spirituális térrel.

Azonban, ezek a dolgok csak akkor lehetségesek, hogyha helyénvalóak Isten igazsága szerint. Például ahhoz, hogy egy természeti katasztrófát megállítsunk, amely egy teljes nemzetet ér, helyénvaló, hogy az ország vezetői imát kérjenek. Szintén: hogyha a spirituális tér megalakul, nem tudunk az első mennyország igazsága ellen cselekedni. A spirituális tér hatása korlátozódik, olyannyira, hogy az első mennyország ne szenvedjen a káosztól, ami az után keletkezhet, miutána a spirituális teret felemelik. Isten minden mennyországot vagy eget ellenőriz és igazgat az Akaratával, és Ő az igazság és szeretet Istene.

(End)

A szerző:
Dr. Jaerock Lee

Dr. Jaerock Lee Muanban, Jeonnam Tartományban, a Koreai Köztársaságban született, 1943-ban. A huszas éveiben hét évig gyógyíthatatlan betegségekben szenvedett, és a gyógyulás reménye nélkül várta a halált. Egy napon 1974-ben azonban a nővére elvitte egy templomba, és amikor letérdelt, hogy imádkozzon, az Élő Isten az összes betegségéből kigyógyította.

Attól a pillanattól fogva, hogy e csodás tapasztalat révén Dr. Lee találkozott az Élő Istennel, teljes szívéből és őszintén szereti Istent, és 1978-ban elhivatott az Ő szolgájaként. Buzgón imádkozott, hogy megérthesse Isten akaratát, és teljesen beteljesítse azt, és Isten igéjét teljesen betartotta. 1982-ben megalapította a Manmin Központi Egyházat Szöulban, Koreában, és azóta számtalan isteni munka történt ebben a templomban, beleértve a nagyszerű gyógyulásokat és a csodákat.

1986-ban lelkésszé szentelték a Jézus Sungkyul Koreai Egyházának éves összejövetelén, és négy évvel később, 1990-ben az istentiszteleteit elkezdték közvetíteni Ausztráliában, Oroszországban, a Fülöp-szigeteken, és számos más országban, a Far East Broadcasting Company, az Asia Broadcast Station, valamint a Washington Christian Radio System közreműködésével.

Három évvel később, 1993-ban a Manmin Központi Templomot beválasztották „A világ legjobb 50 temploma" közé, a Christian World magazin által (USA), és tiszteletbeli doktori címet kapott a Christian Faith College, Florida, USA, intézménytől, és 1996-ban doktori címet is – a lelkészi tudományokban – az iowai Kingsway Theological Seminary-től, az Egyesült Államokból.

1993 óta Dr. Lee a világmisszió terén vezető szerepet vállal, külföldön az Egyesült Államokban, Tanzániában, Argentínában, Ugandában, Japánban, Pakisztánban, Kenyában, a Fülöp-szigeteken, Hondurasban, Indiában, Oroszországban, Németországban és Peruban, és 2002-ben „világszintű lelkésznek" nevezték a vezető koreai keresztény újságok, a külföldi Nagy Egyesült Missziókban kifejtett tevékenységéért.

Különösen a 2006-os New York Crusade miatt nevezték ennek, amelyet a Madison Square Garden-ben tartottak, amely a világ leghíresebb arénája.

Az eseményt 220 országban közvetítették. A 2009-es Israel United Crusade (Izraeli Egyesült Misszió) alatt, melyet az International Convention Center (ICC) helyszínén tartottak, bátran kijelentette, hogy Jézus Krisztus a Messiás és a Megmentő.

Az istentiszteleteit 176 országban közvetítik műholdon, beleértve a GCN TV-t, valamint „a világ legbefolyásosabb keresztény vezetői" közül az egyikként említették a nevét 2009-ben és 2010-ben a népszerű orosz keresztény magazinban, az In Victory-ban. A Christian Telegraph hírügynökség az erőteljes tévéközvetítéseit említi, valamint a tengerentúli szolgálatát mint lelkész.

2018 január a Manmin Központi Templom több mint 130. 000 tagot számlált, 11.000 hazai és külföldi leányegyháza volt szerte a világon, beleértve 53 hazai templomot, és eddig több mint 102 misszionáriust küldött 23 országba, beleértve az Egyesült Államokat, Oroszországot, Németországot, Kanadát, Japánt, Kínát, Franciaországot, Indiát, Kenyát, és sok más országot.

A mai napig Dr. Lee 110 könyvet írt, közöttük a rekord példányszámban eladott Az örök élet megkóstolása a halál előtt, Életem, hitem, A kereszt üzenete, A hit mértéke, A Mennyország I és II, A pokol, Isten hatalma, és a munkáit több mint 76 nyelvre lefordították.

A keresztény cikkei megjelennek a The Hankook Ilbo, The JoongAng Daily, The Dong-A Ilbo, The Seoul Shinmun, The Kyunghyang Shinmun, The Hankyoreh Shinmun, The Korea Economic Daily, The Shisa News, és a The Christian Press hasábjain.

Dr. Lee jelenleg több tisztséget tölt be: a Koreai Egyesült Szentség Egyház elnöke; a The Nation Evangelization Paper újság vezérigazgatója; a Global Christian Network (GCN) alapítója és igazgatótanácsának elnöke; a The World Christian Doctors Network (WCDN) alapítója és igazgatótanácsának elnöke; és a Manmin Nemzetközi Lelkészképző (MIS) alapítója és igazgatótanácsának elnöke.

Más, hasonlóan hatásos könyvek a szerzőtől:

Mennyország I & II

Egy részletes vázlat a mennyei állampolgárok dicsőséges körülményeiről, amelyet Isten dicsőségében élveznek.

A Kereszt Üzenete

Egy erőteljes ébresztő üzenet mindazoknak, akik spirituálisan alszanak. Ebben a könyvben megtalálod Isten igaz szeretetét, valamint megtudod: miért Jézus az egyedüli Megmentő?

Pokol

Egy őszinte üzenet az emberiségnek Istentől, aki azt kívánja, hogy egyetlen lélek se hulljon a pokol mélységeibe! Felfedezheted Hadész soha fel nem tárt képét, valamint a pokol kegyetlen valóságát.

Szellem, Lélek és Test I & II

Egy kézikönyv, mely segíti spirituális megértést a lélekkel, szellemmel, testtel kapcsolatban, és segít megtalálni, hogy milyen „énünk" van, hogy erőt nyerjünk, mellyel a sötétséget legyőzhessük, és a szellem emberévé váljunk.

A Hit Mértéke

Milyen mennyei helyet, és milyen koronákat és jutalmakat készítenek elő a számodra a mennyekben? Ez a könyv ellát bölcsességgel és útmutatással téged, hogy megmérhesd a hited, valamint a legjobb és a legérettebb hitet gyakorolhasd.

Ébredj Izrael!

Miért tartotta Isten a szemét a világ végétől máig Izraelen? Milyen gondviselést tartogat Izrael számára – akik ma is a Messiást várják – az utolsó napokra?

Életem, Hitem I & II

Dr. Jaerock Lee önéletrajza a legkellemesebb spirituális aromát nyújtja az olvasó számára, az élete az Isten iránti szeretet által kezdett virágozni, miután sötét hullámok, hideg járom jutott számára, valamint a legmélyebb elkeseredés.

Isten Hatalma

Egy kihagyhatatlan olvasmány, egy alapvető útmutató az igaz hit eléréséhez, és Isten csodáinak megtapasztalásához.

www.urimbooks.com

www.ingramcontent.com/pod-product-compliance
Lightning Source LLC
LaVergne TN
LVHW021820060526
838201LV00058B/3457